Kel. LUMENTUT - FERDINANDUS
APRIEL 2003.
119, SOMERSWORTH. NEW HAMPSHIRE.
BLACK WATER. Rd. Apt. 2D.

Kekuatan Sebuah Hati Perjanjian

David R. Huskins

Immanuel

Judul Asli:
The Power of a Covenant Heart
Oleh **David R. Huskins**

Penerjemah:
Lily S. P. Christianto

Penyunting:
Hilda Daniel

Cetakan Pertama, 2001

Penerbit:
Yayasan Pekabaran Injil
Immanuel
Jl. Proklamasi No.76
Jakarta 10320

ISBN: 979-3012-09-9
Anggota IKAPI 143/DKI (I)

C·B·A Christian Booksellers Association member: 1991

Persembahan

Perlakuan Tuhan kepada saya betul-betul lebih baik ketimbang saya memperlakukan diri saya sendiri. Karunia-karunia serta harta kekayaan-Nya yang terindah dikemas dalam bejana tanah liat. Tak ada harta lain yang lebih berharga bagi saya selain John Huskins, ayah saya, hadiah dari Tuhan.

John Huskins berpendidikan minim, namun ia sangat bijak. Meskipun latar belakang pendidikannya sederhana, ia berhasil meyakinkan saya dan kakak lelaki saya bahwa kekayaan tidak sebatas penghasilan atau tabungan di bank, tetapi ditemukan dalam karakter dan integritas.

Dua tahun sebelum meninggal, ayah saya, John Huskins, menerima Yesus Kristus sebagai Tuhannya secara pribadi. Namun sepanjang hidupnya, ia memberi teladan tentang memiliki *Kekuatan Sebuah Hati Perjanjian.* Ucapannya selalu pasti dan dapat dipegang dalam setiap situasi. Ia menikah satu kali karena ia percaya bahwa janji pernikahan hanya boleh diucapkan sekali dan untuk selamanya.

Ayah saya memegang perjanjian dengan serius. Ia tidak pernah membicarakan kejelekan orang lain. Ia menghormati musuh sama seperti ia menghormati sahabatnya. Ia adalah seorang pria yang layak dihormati.

Kepergian ayah saya ke alam baka membuat kami sekeluarga merasa hampa. Ayah sudah pergi. John Huskins sudah pergi, namun, yang pasti, ia tidak pernah dilupakan.

Melalui sebuah sanjak yang populer seperti ini:

Dari ayahku nama itu kudapat,
Hanya itu yang harus ia wariskan.
Harus kugunakan dan kup'lihara,
Sepanjang hidupku di dunia.

Bakat yang diwariskan dapat sirna,

Dan apa pun dapat digantikan,
Namun noda hitam di namaku
Tak akan pernah dapat dihapus.

Kuterima nama itu tanpa noda
Sebuah nama yang layak dijaga.
Ketika nama itu diperoleh dari ayahnya,
Tak ada kehinaan melekat padanya.

Telah kujaga nama itu dengan bijak
Dalam ucapan maupun perbuatan,
Harus kupastikan nama itu tak bernoda
Kala kuwariskan kepada anak-anakku.
(Penulis Tak Dikenal)

Saya persembahkan buku ini untuk mengenang nama:

John A. Huskins,
pria yang punya *hati perjanjian.*

Ucapan Terima Kasih

Ditujukan kepada mereka yang patut dihargai: istri saya, Michelle, dan ketiga putra saya, Aaron, Zach dan Isaac. Setiap hari kalian berkorban agar aku dapat menjalankan misi dan visi dari sebuah hati perjanjian. Tanpa syarat, aku mengasihi kalian seutuhnya.

Kepada Dr. Kenneth Meadors, atas bantuannya yang khusus dalam mempersiapkan naskah buku ini dan untuk hikmatnya dari tahun ke tahun. Sebagian dari diri Anda selalu ditemukan dalam diri saya.

Kepada bapak Gembala Kelley Varner, yang telah mengilhami, mendorong saya untuk menulis edisi ini dan sekaligus membantu saya dalam penyuntingan naskah akhir. Persahabatan kita membuat saya ingin lebih berterima kasih.

Kepada orang-orang kudus yang luar biasa di Cedar Lake Christian Center: Tanpa kalian, saya hanya tahu sedikit mengenai perjanjian. Selama bertahun-tahun, kita telah bertumbuh dan belajar bersama. Oleh karena kalianlah kini saya menjadi orang perjanjian. Namun yang terbaik masih belum datang.

Kepada semua gembala, gereja dan berbagai pelayanan yang telah membuka hati dan hidupnya bagi saya: Ungkapan terima kasih saya untuk persahabatan yang kalian tunjukkan kepada saya tidak pernah cukup. Kiranya Tuhan berada di antara kita untuk selamanya.

Kepada setiap Yonatan dan Daud (Anda tahu siapa mereka) yang sudah menjamah hidup saya atau mengizinkan saya menjamah hidup Anda: Apa yang sedang Tuhan padukan hendaknya tidak dipandang sebagaimana sudah semestinya.

Kepada bapa rohani saya, Archbishop Earl Paulk, yang memberi teladan sebagai orang perjanjian: Dengan setia saya persembahkan seluruh waktu saya untuk melayani Anda maupun visi yang telah Anda impartasikan.

Daftar Isi

Kata Pengantar

Ketika untuk pertama kalinya saya berjumpa David Huskins, saya merenung sungguh-sungguh, bagaimana mungkin orang semuda dia mampu terjun sedemikian jauh dalam pelayanan Kerajaan Tuhan dalam waktu yang begitu singkat. Ia disebut *bishop*, dan saya berpikir, "bishop untuk mengawasi apa?" (Ini terjadi ketika saya belum mengenal David Huskins ataupun mengetahui lingkup kerjanya yang berat.)

Selang tak berapa lama, saya menyadari bahwa Huskins memang sebuah bejana milik Tuhan yang diurapi secara khusus. Suatu hari saya diundang untuk berbicara di depan jaringan gereja-gereja di mana Huskins menjabat sebagai bishopnya. Sementara waktu bergulir, ia mulai melayani jemaat di Cathedral Atlanta ini. Saya bekerja sama dengan dia dalam banyak sesi yang menuntut banyak hikmat dalam lingkungan International Communion of Charismatic Churches. Saya mendapati bahwa Tuhan telah memberi dia hikmat dan pengertian yang luar biasa, jauh melebihi kemampuan orang-orang seusianya.

Dengan bersukacita saya sadar di kemudian hari bahwa saya telah melahirkan dia untuk terjun ke dalam dunia pengetahuan Injil Kerajaan. Tatkala untuk pertama kalinya ia menyebut dirinya sebagai anak rohani saya, segera lahir suatu ikatan emosional. Kini ia benar-benar menjadi anak saya, dan saya mempercayai dia sepenuhnya.

Melalui bukunya, *Kekuatan Sebuah Hati Perjanjian,* saya tahu bahwa pengertian rohani Huskins-lah yang telah membuahkan keberhasilan yang amat besar. Ia sadar bahwa yang penting bukan sekadar hubungan perjanjian kita yang vertikal dengan Tuhan, melainkan janji horizontal kita dengan gereja dan jajaran pemimpinnya. Buku ini sarat dengan kisah alkitabiah, ditulis dengan bahasa yang baik dan isinya berlandaskan Firman.

Saya anjurkan agar Anda membaca buku ini dan membagikan isinya kepada orang lain. Hidup Anda pasti akan diperkaya.

Archbishop Earl Paulk

Pendahuluan

Janji atau *perjanjian* — menyebutnya saja sudah menimbulkan berbagai perasaan yang dimiliki berbagai jenis manusia. Konsep perjanjian seseorang bergantung pada latar belakangnya, pengajaran yang pernah ia terima maupun pengalaman gerejaninya, baik yang positif maupun yang negatif.

Bagi kebanyakan orang, *perjanjian* berarti kesepakatan antara dua pihak atau lebih. Ini merupakan definisi yang baik, tetapi terbatas sifatnya, karena ini dapat digunakan untuk *kontrak* maupun untuk *perjanjian.*

Ada perbedaan besar antara kontrak dan perjanjian. Pada dasarnya, kontrak bersifat legal dan mengikat — perjanjian bersifat rohani dan bebas. Kontrak dimeteraikan di atas kertas — perjanjian dimeteraikan di dalam hati. Perjanjian lebih mengikat dibandingkan kontrak. Perbedaannya yang esensial ialah bahwa sebuah kontrak diberlakukan berdasarkan hukum, sedangkan sebuah perjanjian diberlakukan oleh roh.

Ketika untuk pertama kalinya Roh Kudus menarik perhatian saya dan berkata, "Aku telah memanggilmu untuk membentuk hubungan yang dilandasi perjanjian [untuk selanjutnya disebut hubungan perjanjian] yang tak dapat diingkari," saya tidak tahu bagaimana bentuk perjanjian atau bagaimana membentuk sebuah perjanjian. Tuhan lalu menuntun saya untuk membaca kisah Daud dan Yonatan dalam Perjanjian Lama. Selama 12 tahun terakhir, kisah ini telah menjadi sebuah pola atau prototipe untuk apa yang saya percayai sebagai perjanjian yang benar. Berdasarkan ayat-ayat Alkitab itulah kita akan mulai menjelajahi dunia yang indah, yaitu hubungan yang tak dapat diingkari.

Pada dasarnya, perjanjian bekerja dalam dua dimensi, dua dinamika. Pertama, perjanjian mencakup hubungan pribadi kita dengan Tuhan. Pokok persoalan ini sudah banyak diberi perhatian sepanjang sejarah Gereja. Akan tetapi, perjanjian juga menyangkut hubungan kita dengan sesama, yang nyaris hampir diabaikan dalam Tubuh Kristus. Dimensi yang terakhirlah yang akan kita pelajari bersama melalui halaman-halaman berikut.

Perjanjian bukan hanya sebuah kata yang berkonotasi hubungan atau kekerabatan, tetapi juga sebuah kata berkonotasi penebusan. Perjanjian Penebusan patut dan harus dipelajari seutuhnya dengan cara tersendiri. Jika bukan demi Perjanjian Penebusan, maka semua perjanjian lain tidak akan punya nilai. Jika dipahami dengan sempurna, maka setiap perjanjian — keselamatan, pernikahan, hingga keanggotaan gereja — pada hakikatnya lahir dari perjanjian kekal yang diikat secara rohani antara Bapa dan Anak. Bapa sebagai Pencipta tidak dapat dipisahkan dari Anak sebagai Penebus. Perjanjian-perjanjian dalam penebusan dan hubungan dimeteraikan dengan darah pada zaman dahulu maupun zaman sekarang. Darah Anak memeteraikan Perjanjian yang Baru.

Demikian juga, penting untuk menetapkan *perjanjian* sebagai sebuah istilah eskatologi [berkaitan dengan akhir zaman]. Lazimnya, kebanyakan orang percaya memandang hal-hal yang terjadi dalam zaman akhir berdasarkan salah satu di antara dua poin ini — dari sudut pandang dispensasi yang tradisional sifatnya, atau dari sudut pandang perjanjian dan sejarah yang lebih tepat. Jika Tuhan mengawali hubungan-Nya dengan manusia maupun Israel berdasarkan perjanjian, maka hukum-hukum penafsiran yang tepat mewajibkan bahwa Ia akan mewujudkan hubungan itu berdasarkan perjanjian pula. Jika awal dari hubungan Tuhan dengan manusia maupun Israel ditentukan oleh sejarah dan dispensasi, maka orang dapat menyimpulkan bahwa Tuhan gemar membuat dispensasi. Sayangnya, ketaatan dan perjanjian menjadi begitu kurang signifikan dalam filosofi zaman akhir. Bagi saya, sifat sudut pandang dispensasi itu bersifat seenaknya, aneh dan tidak praktis. Seakan Tuhan selalu menuntut manusia untuk taat pada perjanjian.

Sekalipun kajian mengenai penebusan dan eskatologi itu menarik, fokus dan arah kajian saya sendiri pada dasarnya bersifat hubungan. Apa yang terjadi apabila Tuhan secara adikodrati memadukan jiwa Anda dengan jiwa seorang anggota tubuh Kristus? Mengapa Tuhan menyatukan Anda dengan orang lain? Bagaimana kita tahu bahwa orang tersebut adalah saudara atau saudari perjanjian kita? Apa yang membuat saudara atau saudari perjanjian berbeda dari orang-orang lain di rumah Tuhan? Apakah setiap orang perlu memiliki saudara atau saudari perjanjian?

Di dalam era ketika hubungan dihancurkan untuk alasan-alasan yang paling sepele, orang Kristen harus mencerminkan Injil melalui hubungan antarsesama yang tak dapat dipatahkan. Dalam Roma 1, Rasul Paulus menjabarkan tahap perkembangan kejahatan dalam pikiran manusia. Ia menyatakan dalam ayat 31 demikian, "tidak berakal, tidak setia, tidak penyayang, tidak mengenal belas kasihan." Kata *tidak setia* berarti "tidak sehati, berkhianat terhadap kekompakan, tidak memelihara perjanjian."

Ayat ini memberi kita banyak wawasan mengenai strategi musuh dalam melawan umat Tuhan. Jika orang-orang kudus tetap mengabaikan perjanjian mereka, mereka akan melanggar perjanjian. Akibatnya, pikiran-pikiran yang tidak wajar tadi akan menghasilkan Jemaat yang keras kepala (tidak penyayang) dan tidak mengenal belas kasihan.

Saya ingin memperbaiki kondisi tersebut. Setelah kita nanti bersama-sama meneliti perjanjian yang diberi contoh oleh Daud dan Yonatan, saya harap kita mampu berkata, "Dengan memahami bahwa kita adalah pemelihara perjanjian yang mengenal belas kasihan dan tidak keras kepala."

Melalui perjanjian, Tuhan bermitra dengan kita, baik pria maupun wanita, agar kita dapat menggenapi rancangan Tuhan yang kekal di bumi seperti di surga. Ia melaksanakan hal ini dengan dua cara — dengan jalan menyatukan diri-Nya sendiri dengan ciptaan-Nya, dan dengan menciptakan hubungan antarciptaan-Nya.

> *Karena Allah itu esa dan esa pula Dia yang menjadi pengantara antara Allah dan manusia, yaitu manusia Kristus Yesus* (1 Timotius 2:5).

Firman ini biasanya dikutip untuk mengatakan bahwa ada seorang perantara antara Bapa di surga dan "manusia." Pernyataan ini selamanya benar, karena tidak ada nama lain yang melaluinya kita dapat diselamatkan. Yesus Kristus adalah satu-satunya Juru Selamat (lihat Yohanes 14:6; Kisah Para Rasul 4:12). Tetapi, ayat ini mengacu pada tindakan menjadi perantara antara Bapa dan "manusia".

Manusia Kristus Yesus adalah satu-satunya Pribadi yang ada di tengah-tengah hubungan kita dengan Bapa. Ia juga merupakan satu-satunya Pribadi yang ada di tengah-tengah hubungan kita dengan sesama. Fakta adanya perantara horizontal ini merupakan jawaban mengapa Daud dan

Yonatan bersumpah, "TUHAN akan ada di antara aku dan engkau serta di antara keturunanku dan keturunanmu sampai selamanya" (1 Samuel 20:42b). Yesus ada di tengah-tengah hubungan vertikal kita dengan Bapa. Kita juga harus mengizinkan Dia untuk menjadi perantara dalam semua hubungan horizontal kita. Kiranya Tuhan berada di antara kita.

Berdasarkan kerinduan inilah kita akan mencermati perjanjian antara Daud dan Yonatan. Perjanjian tersebut merupakan sebuah pola, kendati bukan pola yang sempurna. Sama seperti hubungan antara Daud dan Yonatan, segala hubungan perjanjian akan diuji. Pengujian ini hadir dalam bentuk pilihan-pilihan yang kita buat. Ini adalah bagian perjanjian yang sangat penting kalau kita ingin menjadi pemelihara perjanjian. Tuhan tidak pernah melanggar bagian-Nya dalam perjanjian tersebut. Kita masing-masing ditantang untuk berpaut pada tujuan perjanjian kita dengan Tuhan dan dengan sesama.

Marilah kita berjalan bersama-sama Daud, orang yang sesuai dengan hati Tuhan. Setiap tahap kehidupannya mencerminkan setiap bagian dari hati perjanjian. Simaklah pula bahwa gambaran mengenai kerasulan Yesus dan Paulus mengakhiri setiap pasal buku ini.

Sementara kita memasuki Milenium Baru, musuh menjadi sangat takut karena Jemaat akan bertumbuh dan menciptakan hubungan perjanjian yang tak dapat putus yang untuk melawannya, musuh tidak punya kekuatan. Apa yang musuh takuti akan segera terjadi, karena orang Kristen sudah tidak lagi bersikap angkuh ataupun merasa tidak stabil sehingga mereka bersedia lebur dalam diri orang lain. *Kekuatan sebuah hati perjanjian* tidak dapat dibendung. Marilah kita temukan diri kita sendiri dalam diri orang lain!

Bishop David R. Huskins

1

Orang Perjanjian Tidak akan Membiarkan Domba-dombanya Tanpa Perlindungan

Model perjanjian kita, Daud, diperkenalkan dalam Alkitab sebagai seorang penjaga domba yang masih muda dan tubuhnya sehat, pipinya kemerah-merahan. Pergaulannya dengan dombalah yang membedakan dia dari ketujuh saudara laki-lakinya. Ketika Samuel menyiapkan upacara pengurapan atas Daud, salah satu anak Isai, sebagai raja, nabi tersebut diberi perintah yang spesifik untuk tidak melihat wajah atau tinggi badan seseorang karena Tuhan melihat hati.

Isai, ayah biologis Daud, tidak merasa bahwa Daud layak dipertimbangkan. Isai hanya melihat Daud sebagai anak gembala, sedangkan Bapa surgawinya melihat kekuatan sebuah hati perjanjian yang melayakkan dia untuk menjadi raja atas banyak orang, yang jumlahnya lebih besar dari kawanan domba. Tuhan selalu memilih pria dan wanita yang memiliki hati perjanjian.

> *Lalu Samuel berkata kepada Isai: "Inikah anakmu semuanya?" Jawabnya: "Masih tinggal yang bungsu, tetapi sedang menggembalakan kambing domba." Kata Samuel kepada Isai: "Suruhlah memanggil dia, sebab kita tidak akan duduk makan, sebelum ia datang ke mari." Kemudian disuruhnyalah menjemput dia. Ia kemerah-merahan, matanya indah dan parasnya elok. Lalu TUHAN berfirman: "Bangkitlah, urapilah dia, sebab inilah dia"* (1 Samuel 16:11-12).

---oo---

Di Amerika, dan ini menyedihkan, berapa banyak podium yang pernah menjadi tempat berkhotbah seorang hamba Tuhan, atau berapa jumlah orang yang mengikuti pelayanannya telah dianggap sebagai penentu keberhasilan hamba tersebut. Meskipun bisa dianggap penting oleh sejumlah pria dan wanita, namun di mata Tuhan cara ini kurang atau bahkan tidak bernilai sama sekali. Kesetiaan, integritas, dan karakter menandai tongkat pengukur-Nya. Tuhan selalu memperhatikan apakah hamba-hamba-Nya, pria maupun wanita, dapat memegang dan memelihara perjanjian atau tidak. Tuhan tidak tertarik pada seberapa banyak pelayanan yang dapat kita rintis, melainkan seberapa banyak orang, yang kepadanya kita dapat setia sampai pekerjaan kita selesai.

Daud tidak berusaha mempromosikan dirinya sendiri. Ia tetap menggembalakan kawanan dombanya sampai ia dipanggil. Kata-kata *masih tinggal* dan *menggembalakan* dalam 1 Samuel 16:11 adalah dua frase perjanjian. *Masih tinggal* berasal dari kata (Ibrani) *sha'ar* (Strongs #7604), yang berarti "cadangan atau sisa." Tuhan sedang mencadangkan satu orang yang setia yang akan memelihara perjanjian dengan kawanan domba Tuhan sebelum Ia memanggil mereka.

Menggembalakan ialah kata (Ibrani) *ra'ah* (Strong #7462), dan ini berarti "menjaga, memerintah atau bersikap sebagai pendamping, sahabat, gembala dan selalu bersamanya." Ada pemelihara-pemelihara perjanjian yang setia yang mau menjaga dan mengatur kawanan domba Tuhan tidak dengan tongkat besi, tetapi melalui hubungan perjanjian. Jangan takut untuk menjamah orang lain, untuk bergaul dengan domba-domba Tuhan. Setiap gembala sejati akan memancarkan aroma dombanya.

Dewasa ini banyak hamba Tuhan yang cenderung tinggal dengan jemaatnya sampai pintu kesempatan yang lebih baik terbuka. Sikap hamba Tuhan seperti ini menunjukkan bahwa ia sedang mempromosikan dirinya, bukan mengimpartasi hidupnya. Banyak pengkhotbah yang masih belum mengerti bahwa karunia yang mereka miliki bukanlah untuk diri sendiri, melainkan untuk kepentingan domba-dombanya.

Daud tidak mengawali pelayanannya di tengah-tengah sorotan orang banyak, melainkan di padang, pada waktu malam, dengan menggembalakan domba. Tuhan berkata kepada Samuel, "Bangkitlah, urapilah dia, sebab inilah dia" (1 Samuel 16:12b). Makna ayat ini menunjukkan prinsip pertama untuk menjadi orang perjanjian: *Orang perjanjian tidak akan membiarkan domba-dombanya tanpa perlindungan.*

Tuhan memperhatikan domba-domba-Nya. Daud lolos dari perhatian ketika dilaksanakan 'penahbisan serta upacara pengudusan' karena dia sedang menggembalakan domba. Hanya setelah Tuhan menolak anak-anak Isai yang parasnya menawan sajalah maka Samuel bertanya kalau-kalau Isai punya anak lelaki lain. Tuhan mengurapi gembala domba yang masih muda dan kulitnya kemerah-merahan itu, bukan kakak-kakaknya. Sementara kakak-kakak Daud memasang senyum dan menampilkan kecakapan mereka di depan orang lain, Daud mengusir beruang dan singa untuk melindungi domba-dombanya.

Tuhan mencari gembala yang lebih menaruh perhatian pada dombanya ketimbang pada keberhasilan. Gembala semacam ini akan sadar sepenuhnya bahwa Tuhan mengetahui bahwa ia berada di padang, dan bahwa Ia akan memanggilnya ketika Ia siap. Gembala itu tidak sedang menanti-nantikan datangnya kedudukan karena ia sudah memegang kedudukan tertinggi di padang — sebagai gembala! Daud adalah gembala.

Ketika Allah Bapa siap untuk memberitakan kelahiran Anak-Nya, Yesus, Ia tidak menampakkan diri terlebih dahulu kepada orang majus. Ia mendatangi gembala-gembala yang sederhana, "yang tinggal di padang" (Lukas 2:8). *Tinggal* merupakan sebuah istilah perjanjian yang lain. Dalam dunia perfilman modern, makna 'perjanjian' dapat ditemukan dalam sebuah film berjudul *The Terms of Endearment.* Dapatkah kita tetap berada di mana kita dipanggil? Apakah kita akan tetap setia ketika menghadapi kesukaran?

Akar kata (Yunani) untuk "tinggal" serupa dengan kata (Ibrani) yang tadi sudah disebutkan untuk "menggembalakan" dalam 1 Samuel 16:11, yang meneguhkan prinsip perjanjian dalam Perjanjian Lama maupun Perjanjian Baru. *Tinggal* dapat juga dikaitkan dengan kata *tetap,* yang berkaitan erat dengan 'sisa.' Sisa tidak mengacu pada sekelompok kecil kaum elit. Sisa ialah apa yang tertinggal setelah yang lain sudah jatuh ke dalam kedagingan. Mudah-mudahan kita didapati sedang tinggal dalam perjanjian tatkala ada pelanggaran perjanjian di tempat lain.

Gembala-gembala dalam Lukas 2:8 tidak hanya tinggal di padang; mereka menjaga kawanan domba pada waktu malam. Sebagai gembala, peran kita bukanlah memandangi domba-domba kita, melainkan menjaga mereka. Jika Tuhan menyuruh Anda untuk menjaganya dengan *saksama,* Ia juga memberi Anda visi untuk menjaganya pada malam hari. Di saat-

saat gelap di mana hidup kawanan domba Anda tergantung pada Anda, jagalah mereka sampai Anda melihat cahaya turun atas mereka.

Inilah prinsip pertama yang dapat diterapkan, tidak hanya pada gembala-gembala sidang, tetapi juga pada orang tua dari anak-anak, pada suami-suami yang bersedia menjadi imam keluarganya, dan pada para atasan yang bersedia menjalankan bisnis berdasarkan firman Tuhan.

Orang perjanjian tidak pernah menggunakan jemaatnya untuk memajukan diri mereka sendiri. Orang perjanjian akan memberikan hidupnya demi kemajuan jemaatnya.

Di Amerika keanggotaan gereja nyaris telah menjadi suatu tempat perhentian semalam. Sejumlah orang mengubah gereja sesering berubahnya musim. Masalah ini juga melanda kalangan pengkhotbah. Begitu timbul peluang yang lebih besar atau sedikit kesempatan untuk menjadi tenar dan merasa nyaman, gembala-gembala menceraikan istri (rohani) masa mudanya untuk mengejar wanita lain. "Wanita" lain itu, bagian dari sebuah sistem yang populer, memberi mereka kepuasan sesaat. Sayangnya, hal ini terjadi dengan mengorbankan orang-orang yang telah mengasihi dan mendukung mereka ketika kehidupan dan pelayanan mereka sedang mengalami kesukaran.

Daud meninggalkan pekerjaannya sebagai gembala dan mengalami banyak kejadian yang terkenal termasuk mendapatkan banyak sekali kekayaan, tetapi ia tidak pernah melupakan dombanya. Setelah dipilih untuk melayani sebagai pembawa senjata Raja Saul, ia menjauhi nikmatnya kehidupan di istana dan kembali ke Betlehem untuk memberi makan domba-domba ayahnya. Ketika Daud berselisih dengan Goliat, ia meninggalkan dombanya pada seorang penjaga.

Lalu Daud bangun pagi-pagi, ditinggalkannyalah kambing dombanya pada seorang penjaga ... (1 Samuel 17:20).

Kakak Daud yang sulung, yang mengetahui bahwa komitmen Daud adalah untuk menjaga domba, mengejek dia dengan mengatakan, "...pada siapakah kautinggalkan kambing domba yang dua tiga ekor itu di padang gurun?" (1 Samuel 17:28a). Seorang gembala perjanjian tidak pernah meninggalkan dombanya tanpa perlindungan, khususnya ketika ternak itu sedang berada di padang gurun. Terlebih lagi, "Daud menurunkan barang-barangnya dan meninggalkannya di tangan penjaga barang-barang tentara" (1 Samuel 17:22a). Tuhan menghormati para pemelihara perjanjian. *Orang perjanjian tidak akan pernah meninggalkan jemaatnya tanpa perlindungan* atau meninggalkannya di tangan orang sewaan. Inilah yang dipahami oleh gembala-gembala sejati.

Apa yang Eliab, kakak sulung Daud, tidak pahami (dari caranya menghitung jumlah domba Daud) ialah bahwa Tuhan berfokus pada komitmen Daud untuk melakukan yang terbaik bagi kawanan dombanya. Tuhan tidak mengabaikan jumlah ternak hasil pengembangbiakan, sebaliknya, Ia malah menghitungnya. Tetapi, apa yang menurut pemikiran Eliab tidak melayakkan Daud, justru membuat Daud berkenan di mata Tuhan. *Daud adalah penjaga domba.*

Dewasa ini, berapa banyak orang yang mau meninggalkan mimbar dari suatu megapelayanan yang tersohor untuk kembali memberi makan sebuah jemaat yang terdiri atas beberapa ratus orang yang setia saja? Banyak yang beranggapan bahwa melakukan hal ini malah menurunkan harkat sang pengkhotbah. Namun, Tuhan masih menghormati orang-orang yang rela bertumbuh di mana mereka ditanam. Daud memahami bahwa apa yang ia capai semata-mata merupakan hasil dari sisa hidupnya yang dihabiskan dengan dombanya yang berjumlah "dua tiga ekor saja."

Manusia perjanjian tidak akan pernah meninggalkan jemaatnya tanpa perlindungan. Wahai para gembala, Anda memiliki sebuah perjanjian dengan jemaat Anda. Suami dan istri, Anda memiliki sebuah perjanjian satu sama lain. Orang tua, Anda memiliki sebuah perjanjian dengan anak-anak Anda. Para atasan, Anda memiliki sebuah perjanjian dengan bawahan Anda. Jalanilah sebagaimana semestinya, tetapi jangan sekali-sekali mengorbankan perjanjian dengan meninggalkan jemaat tanpa perlindungan.

Saya telah diberkati oleh Tuhan untuk berdiri di atas sejumlah mimbar terhebat dan terbesar di Amerika maupun di luar negeri. Yang terbesar tidak harus yang terhebat, dan yang terhebat tidak selalu yang terbesar. Walaupun demikian, keterlibatan saya dengan jemaat yang terdiri atas beberapa ratus orang yang setia di sebuah desa kecil sebelah barat daya Georgia yang hanya berpenduduk beberapa ribu orang masih menjadi tempat di mana janji dan hati saya selalu melekat. *Domba-domba* dari Cedar Lake Christian Center *tidak pernah ditinggalkan tanpa perlindungan.*

Tidak ada ujian yang lebih besar untuk hati perjanjian selain mencermati apakah Anda bersedia untuk tetap berada di ladang di mana Tuhan telah menanam Anda, apakah Anda tetap menjaga (tetap konsisten) jemaat yang telah Tuhan berikan kepada Anda. Jika Anda tetap bertekun, Tuhan akan membuat Anda lebih baik dalam meraih dimensi-dimensi yang lebih tinggi. Terlebih lagi, Ia akan membuat jemaat Anda lebih baik dalam menjangkau dimensi-dimensi berkat dan promosi itu bersama Anda. Setialah pada hal-hal kecil, maka hal-hal yang besar akan hadir dalam hidup Anda. Jangan meremehkan peristiwa-peristiwa kecil (lihat Zakharia 4:10).

Seorang gembala pemelihara perjanjian akan memiliki jemaat yang memelihara perjanjian. Mungkin awalnya berjumlah kecil, tetapi Anda tidak dapat mencegah bertumbuhnya sebuah keluarga perjanjian. Ingat, jumlah tidak menentukan pertumbuhan di dalam Tuhan. Pertumbuhan ditentukan oleh lingkup pengaruh yang dicontohkan oleh keluarga perjanjian Anda di dunia. Karena Daud tidak pernah meninggalkan dombanya tanpa perlindungan, lingkup pengaruh Daud kian meluas.

Seperti Daud, Rasul Paulus memahami bahwa bukti pelayanan Anda adalah kelompok jemaat yang Anda jaga. Ia menyatakan, "Sekalipun bagi orang lain aku bukanlah rasul, tetapi bagi kamu aku adalah rasul. Sebab hidupmu dalam Tuhan adalah meterai dari kerasulanku" (1 Korintus 9:2). Ini sama sekali tidak punya kaitan dengan berapa banyak orang atau keluarga yang dapat kita mulai sebagai jemaat, tetapi seberapa setia kita dapat memelihara perjanjian dengan orang-orang yang kita miliki.

Ayat-ayat Perjanjian dalam Perjanjian Lama

Daud Memiliki Komitmen untuk Melakukan yang Terbaik bagi Domba-dombanya

Masih tinggal yang bungsu, tetapi sedang menggembalakan kambing domba.

Kemudian Saul mengirim suruhan kepada Isai dengan pesan: "Suruhlah kepadaku anakmu Daud, yang ada pada kambing domba itu."

Demikianlah Daud sampai kepada Saul dan menjadi pelayannya. Saul sangat mengasihinya, dan ia menjadi pembawa senjatanya (1 Samuel 16:11b, 19, 21).

Daud Tidak Pernah Meninggalkan Domba-dombanya Tanpa Perlindungan

Tetapi Daud selalu pulang daripada Saul untuk menggembalakan domba ayahnya di Betlehem.

Lalu Daud bangun pagi-pagi, ditinggalkannyalah kambing dombanya pada seorang penjaga, lalu mengangkat muatan dan pergi, seperti yang diperintahkan Isai kepadanya ....

Lalu Daud menurunkan barang-barangnya dan meninggalkannya di tangan penjaga barang-barang tentara....

...pada siapakah kautinggalkan kambing domba yang dua tiga ekor itu di padang gurun? (1 Samuel 17:15, 20, 22, 28a).

Penerapannya dalam Perjanjian Baru

Yesus Tidak Pernah Meninggalkan Domba-domba-Nya Tanpa Perlindungan

Akulah gembala yang baik. Gembala yang baik memberikan nyawanya bagi domba-dombanya.

Sedangkan seorang upahan yang bukan gembala, dan yang bukan pemilik domba-domba itu sendiri, ketika melihat serigala datang, meninggalkan domba-domba itu lalu lari, sehingga serigala itu menerkam dan mencerai-beraikan domba-domba itu (Yohanes 10:11-12).

Paulus Tidak Pernah Meninggalkan Domba-dombanya Tanpa Perlindungan

Di tiap-tiap jemaat rasul-rasul itu menetapkan penatua-penatua bagi jemaat itu dan setelah berdoa dan berpuasa, mereka menyerahkan penatua-penatua itu kepada Tuhan, yang adalah sumber kepercayaan mereka (Kisah Para Rasul 14:23).

Tetapi beberapa waktu kemudian berkatalah Paulus kepada Barnabas: "Baiklah kita kembali kepada saudara-saudara kita di setiap kota, di mana kita telah memberitakan firman Tuhan, untuk melihat, bagaimana keadaan mereka (Kisah Para Rasul 15:36).

2

Orang Perjanjian Tidak Menunggu Dipanggil Ketika Ada Alasan untuk Bertindak

Dalam 1 Samuel 17, Daud masuk dalam kancah perselisihan dan ia mendengar ucapan kasar dari mulut seorang Filistin yang tak bersunat yang mencemooh Tuhan Allah orang Israel. Pengalaman Daud dengan domba-dombanya di puncak gunung pada malam hari telah membuat dia luar biasa peka terhadap ucapan kotor yang dilontarkan terhadap Kekasih jiwanya. Daud menjadi bingung karena tak ada orang yang menghentikan kemarahan dari orang yang menyerupai hewan tersebut.

Tampaknya, setiap orang punya alasan untuk tidak bertindak. Ucapan mereka memedihkan hati anak bungsu Isai ini. "Wah, ini bukan panggilanku. Aku tidak dipanggil untuk membunuh raksasa." Api kudus mulai menyala dalam hati Daud sama seperti yang pernah ia rasakan ketika seekor beruang mencuri domba ayahnya. Ia berseru dengan bersemangat, "... *Hanya bertanya saja?*" (1 Samuel 17:29) [Makna dari ayat ini ialah "Mengapa tidak ada tindakan?"]

Daud mengerti bahwa orang perjanjian tidak harus menunggu dipanggil kalau ada alasan untuk bertindak. Dari pengalamannya menggembalakan domba, ia belajar bahwa karunia serta panggilan pribadinya tidak lebih penting ketimbang alasan untuk bertindak sebagai pelindung ternak itu. Raksasa-raksasa sedang menghancurkan tujuan hidup kita sementara kita menunggu panggilan sebelum kita menanggapi orang banyak yang pasti punya jawaban.

Dalam bahasa Ibrani, akar kata Goliat berarti "mempermalukan atau membuat aib, membeberkan, memamerkan dan mencampakkan." Nama *Daud* berarti "yang dikasihi, kekasih atau bukti kasih."[1] Bahkan nama dari dua tokoh penting ini berbicara mengenai dua bentuk hubungan yang bertolak belakang. Yang satu berusaha membeberkan orang-orang yang jatuh dalam dosa atau yang terluka, yang akhirnya dicampakkan serta diasingkan. Orang kedua ialah orang perjanjian yang menaruh perhatian kepada semua orang yang membutuhkan bukti kasih Tuhan.

Daud berbicara dengan satu prajurit ke prajurit yang lain sambil menyindir dengan hati-hati, *"Hanya bertanya saja!"* Namun, setiap prajurit kelihatannya sibuk dengan agendanya masing-masing. Daud merasa bahwa ia tidak berada di sana untuk semata-mata mengantarkan makanan kecil bagi kakak-kakaknya. Agaknya, saat itu menjadi jawaban mengapa ia dilahirkan. Tak seorang pun terlihat menghiraukan bahwa raksasa tersebut, dengan mempermalukan umat Tuhan, sedang mencemooh Tuhan orang Israel. Sekali lagi Daud memohon, *"Apa yang harus kuperbuat?"*

Kakak-kakaknya mengejek dia. Yang lain mengolok-olok. Daud tidak mundur, perhatiannya pun tidak bercabang. Harus ada orang yang menghentikan ucapan raksasa bermulut besar itu. Sementara Raja Saul menentang mandat yang dipercayakan kepada Daud dan memperingatkan dia untuk membiarkan perbuatan raksasa itu, setiap urat saraf di dalam tubuh Daud terus menggelegak, *"Apa yang harus kuperbuat!"*

Dengan sabarnya Tuhan juga sedang membangkitkan pemimpin-pemimpin seperti Daud yang menolak untuk tidak bertindak. Berapa banyak jiwa yang telah binasa sementara ada orang yang duduk bermalas-malasan memandangi ketidakadilan sambil berkata, "Itu bukan panggilanku"? Daud memahami bahwa kita tidak perlu menunggu panggilan untuk melakukan hal yang benar.

> *Hai manusia, telah diberitahukan kepadamu apa yang baik. Dan apakah yang dituntut TUHAN dari padamu: selain berlaku adil, mencintai kesetiaan, dan hidup dengan rendah hati di hadapan Allahmu?* (Mikha 6:8).

Makna tindakan lebih besar ketimbang makna panggilan. Jika Anda bertindak hanya berdasarkan panggilan, Anda bisa kehilangan perintah. Dua huruf pertama dari kata "God [Tuhan]" ialah Go [Pergi]! Dua huruf terakhir dari kata "God" ialah Do [Kerjakan]! Pergi dan Kerjakan! Anda tidak perlu menunggu panggilan untuk melakukan kedua hal tersebut. Anda perlu bertindak. Bukan *"Hanya bertanya saja!"*

Orang perjanjian tidak pernah menunggu panggilan untuk melakukan tindakan yang diharapkan dari mereka. Orang perjanjian tidak pernah harus diingatkan untuk berlaku setia — orang perjanjian *adalah* orang yang memang sudah setia.

Daud rindu untuk terlibat dalam sesuatu di mana orang lain tidak melihat perlunya tindakan itu. Orang perjanjian ini tidak sanggup melihat orang lain dipermalukan, dinista atau dicampakkan. Daud sangat mengetahui bahwa semua bentuk tindakan raksasa ini harus dimusnahkan.

Ketika Saul yakin bahwa ia tidak dapat menghalangi upaya Daud, ia berkata, "Setidaknya, izinkan aku memberikanmu perlengkapan perangku." Dengan keyakinan dan tanpa keraguan, Daud menolak cara lama yang dijalankan Saul. Seandainya cara Saul dapat membuahkan hasil, mengapa raksasa itu masih hidup?

Pengurapan dan metode-metode masa lalu tidak akan mengalahkan raksasa-raksasa yang sedang kita hadapi. Dibutuhkan lebih dari sekadar keterampilan atau talenta. Dibutuhkan lebih dari sekadar buku pegangan mengenai perang gaya kuno. Dibutuhkan lebih dari sekadar teori. Kita semua sedang melihat sejumlah raksasa yang riil. Adakah dorongan untuk bertindak itu berkobar-kobar dalam roh Anda? Apakah Anda ingin menanggapi dorongan di dalam setiap sel tubuh Anda?

Satu-satunya hal yang Saul dan Eliab anggap sebagai sesuatu yang tidak melayakkan Daud sebagai seorang pembunuh raksasa justru menjadi satu hal yang Tuhan gunakan untuk membenarkan Daud, Israel dan Tuhan orang Israel. Kasih perjanjian yang murni akan membantai setiap Goliat, yang membuat aib dan memalukan, yang mendongakkan kepalanya yang buruk itu.

Dorongan untuk bertindak menggelegak dalam seluruh urat nadi Daud dan itu berembus ke luar melalui cuping hidungnya. Makin lama ucapan raksasa itu didengarkan oleh abdi Tuhan ini, makin seperti singa kedengarannya. Makin lama raksasa itu diperhatikan, makin seperti beruang kelihatannya. Di dalam benak Daud, terlintas kembali masa-masa ketika ia sedang menggembalakan domba di gunung. *"Apa yang telah kuperbuat? Hanya bertanya saja!"*

Bagi saya, yang dimaksud dengan tindakan yang harus diambil ialah hubungan perjanjian yang tak dapat diingkari yang mencontohkan Kerajaan Tuhan di bumi. Goliat, pendekar raksasa itu, menjadi wakil setiap kekuatan yang mencoba menghindarkan tindakan itu. Bagi Anda, tindakan itu mungkin berbeda, dan raksasanya bisa juga terlihat berbeda, tetapi strateginya tetap sama. Goliat harus mati!

---oo---

Penjaga domba yang masih muda itu baru saja mengajar orang-orang dewasa muda yang sudah dipoles dengan sebuah pelajaran yang tak akan langsung mereka lupakan: Tuhan ialah pemelihara perjanjian. Di ladang, Daud telah belajar mengenai sejumlah rahasia yang belum pernah dipelajari kakak-kakaknya.

> *TUHAN bergaul karib dengan orang yang takut akan Dia, dan perjanjian-Nya diberitahukan-Nya kepada mereka* (Mazmur 25:14).

Tuhan sedang mencari sekelompok manusia baru di muka bumi ini. Untuk bertindak, angkatan ini tidak perlu dipanggil lebih dahulu. Mereka akan termotivasi oleh kasih perjanjian dan didorong untuk bertindak. Mereka mampu bertahan ketika diejek oleh saudara-saudara sekandung mereka dan lebih suka menolak perlengkapan perang Saul. Satu-satunya kalimat yang belum ditanggapi mereka ialah, *"Apa yang harus kuperbuat!"*

Ini bukan akhir dari kisah kita. Apa yang akan digunakan Daud untuk mengalahkan raksasa itu? Apakah orang-orang Israel lain akan mendukung upayanya? Apa anggapan Saul? Bagaimana tanggapan kakak-kakaknya? Bagaimana jika raksasa itu menang? Pada saat itu Daud tidak punya waktu untuk memikirkan pertanyaan-pertanyaan tersebut. Ia adalah orang perjanjian. Ia telah menemukan suatu tindakan yang layak dikejar mati-matian. Ada tindakan. Apakah tindakan itu? Kebenaran.

Catatan

1. James Strong, *Strong's Exhaustive Concordance of the Bible* (Peabody, MA; Hendrickson Publishers, tanpa tahun). Goliath — **galah,** #1540; David–**dode** #1730.

Ayat-ayat Perjanjian dalam Perjanjian Lama

Daud Tidak Menunggu Dipanggil Ketika Harus Bertindak

Tetapi jawab Daud: "Apa yang telah kuperbuat? Hanya bertanya saja!" Lalu berpalinglah ia dari padanya kepada orang lain dan menanyakan yang sama. Dan rakyat memberi jawab kepadanya seperti tadi.

Terdengarlah kepada orang perkataan yang diucapkan oleh Daud, lalu diberitahukanlah kepada Saul. Dan Saul menyuruh memanggil dia.

Berkatalah Daud kepada Saul: "Janganlah seseorang menjadi tawar hati karena dia; hambamu ini akan pergi melawan orang Filistin itu (1 Samuel 17:29-32).

Kasih Perjanjian akan Mengalahkan Setiap Musuh

Tetapi Saul berkata kepada Daud: "Tidak mungkin engkau dapat menghadapi orang Filistin itu untuk melawan dia, sebab engkau masih muda, sedang dia sejak dari masa mudanya telah menjadi prajurit."

Tetapi Daud berkata kepada Saul: "Hambamu ini biasa menggembalakan kambing domba ayahnya. Apabila datang singa atau beruang, yang menerkam seekor domba dari kawanannya,

Maka aku mengejarnya, menghajarnya dan melepaskan domba itu dari mulutnya. Kemudian apabila ia berdiri menyerang aku, maka aku menangkap janggutnya lalu menghajarnya dan membunuhnya.

Baik singa maupun beruang telah dihajar oleh hambamu ini. Dan orang Filistin yang tidak bersunat itu, ia akan sama seperti salah satu dari pada binatang itu, karena ia telah mencemooh barisan dari pada Allah yang hidup."

Pula kata Daud: "TUHAN yang telah melepaskan aku dari cakar singa dan dari cakar beruang, Dia juga akan melepaskan aku dari tangan orang Filistin itu." Kata Saul kepada Daud: "Pergilah! TUHAN menyertai engkau (1 Samuel 17:33-37).

Penerapannya dalam Perjanjian Baru

Yesus Menunjukkan Tindakan yang Lebih Bermakna daripada Panggilan

Yesus meninggalkan kebangunan rohani di Yudea demi seorang wanita Samaria.

Ia pun meninggalkan Yudea dan kembali lagi ke Galilea. Ia harus melintasi daerah Samaria (Yohanes 4:3-4).

Paulus Tidak Menunggu Dipanggil Ketika Harus Bertindak

Lakukanlah segala sesuatu dengan tidak bersungut-sungut dan berbantah-bantahan (Filipi 2:14).

3

Orang Perjanjian Mengambil dari Kantong Gembala

Sementara orang banyak menyaksikan dengan kagum, Daud mengembalikan setiap perlengkapan perang Saul. Karena ambisi, banyak orang sedang mengenakan perlengkapan khusus ini. Daud tidak berminat untuk tampil mengesankan di mata orang banyak. Ia telah menemukan alasan panggilan Tuhan. Tujuan perjanjian terdengar bertalu-talu di dalam hatinya seperti suara genderang. Ia bukan seorang prajurit — ia seorang hamba.

Daud tidak punya pengalaman sebagai prajurit perang yang dapat diandalkan. Tetapi, ia memang punya tongkat. Saat berjaga pada malam hari, ia mengukir tongkatnya untuk menandai sejumlah kejadian khusus dan kemenangan-kemenangan tertentu. Yang tidak ia miliki sebagai prajurit perang, ia imbangkan dengan pengalamannya. Dewasa ini kita masing-masing perlu memperbarui pengertian kita mengenai pentingnya pengalaman. Sebelum pentingnya pengalaman mencengkeram hati Anda, cengkeramlah pengalaman Tuhan terlebih dahulu.

Daud mengambil tongkatnya. Kenangan-kenangan yang kuat mulai mengalir dalam pikirannya. Ia teringat akan perkelahian dengan singa dan beruang, tetapi ia juga terkenang nyanyian kemenangan, Nyanyian Tuhan. Nyanyian-nyanyian ini meluap dari hati dan mulut Daud pada malam-malam yang gelap. Dengan ilham sesegar ini, ia tahu apa yang diperlukan untuk mengalahkan pendekar Filistin itu.

Semua mata memandang Daud sementara ia membalikkan tubuhnya untuk menghadapi Saul. Dengan sikap lembut ia mengembalikan baju baja buatan manusia yang digunakan untuk perang. Dengan berani dan tanpa malu-malu, ia mulai berkata, "Aku tidak dapat berjalan dengan memakai ini, sebab belum pernah aku mencobanya ..." (1 Samuel 17:39b).

Saul mencoba bernegosiasi dengan Daud, tetapi tidak berhasil. Gembala yang masih muda itu mengambil tongkatnya sambil memilih lima buah batu yang licin dari dasar sungai. Batu-batu licin ini menggambarkan proses pembasuhan dalam air Firman yang menyingkirkan penghambat-penghambat besar dan yang mendewasakan hidup kita. Begitu ia memilih kelima batu licin itu, ia menaruhkan semuanya ke dalam "kantong gembala" (lihat 1 Samuel 17:40). Dengan diiringi pandangan kebingungan dari tentara Saul yang berada di belakangnya, Daud pergi menghadapi raksasa itu. Goliat berdiri menantang Daud. Dengan sikap pengecut, kakak-kakak Daud dan Saul berdiri di belakang pemuda itu sambil tertawa-tawa. Tetapi, Daud tahu bahwa kasih perjanjian tidak akan pernah gagal.

Daud mengambil sebuah senjata rahasia. Ia adalah orang perjanjian, orang yang berada di bawah otoritas. Ia telah menjadi gembala, tetapi ia juga bertemu dengan Gembala Agung (lihat 1 Petrus 5:4). *Ia mengambil dari kantong gembala.*

---oo---

Dewasa ini orang banyak sedang mencari sistem agamawi yang mengesahkan pelayanan berdasarkan gaya, bukan substansi. Namun, Tuhan memiliki sejumlah gembala yang suka menarik diri karena merasa tidak nyaman dengan sorotan orang banyak. Orang-orang pilihan Tuhan ini menghabiskan waktu mereka di balik lembah sambil membina persekutuan pada malam hari. Bukannya mengamankan diri sendiri agar menjadi tersohor dalam pekerjaannya, mereka justru menaikkan pujian di bawah cahaya bintang di alam terbuka.

Jangan keliru; mereka akan menyinarkan cahaya, tetapi bukan sebagai hasil dari upaya yang bersifat kedagingan. Mereka akan tampil berkilauan dan melayani dengan kasih perjanjian yang meluap dari hati. Setiap orang membutuhkan seorang gembala. Setiap gembala membutuhkan seorang gembala. Tanpa berhubungan dengan seorang gembala, kita tidak punya apa-apa yang dapat diambil. *Daud mengambil dari kantong gembala.*

Sementara Goliat meneriakkan kata-kata penghinaan,

...maka segeralah Daud berlari ke barisan musuh untuk menemui orang Filistin itu; lalu Daud memasukkan tangannya dalam kantongnya, diambilnyalah sebuah batu dari dalamnya, diumbannya, maka kenalah dahi orang Filistin itu, sehingga batu itu terbenam ke dalam dahinya, dan terjerumuslah ia dengan mukanya ke tanah (1 Samuel 17:48-49).

Kunci menuju kemenangan ialah, secara konsisten mengambil dari kantong gembala. Anda tidak dapat mengambil dari kantong gembala yang bukan milik seorang gembala. Mereka yang menginginkan keuntungan dari Kerajaan, namun tidak tunduk dan tidak mempunyai hubungan yang benar dengan para penatua rohani yang sejati berarti sedang menentang perjanjian.

Di tengah-tengah berkecamuknya perang, Daud tidak mengambil dari kantong nabi atau kantong penginjil. Ia mengambil dari kantong gembala. Kantong gembala melambangkan gereja lokal dan gembala yang saleh. Kelima batu licin punya kaitan dengan pelayanan lima jabatan (lihat Efesus 4:11). Daud begitu berhasil karena ia memahami apa yang dipahami oleh segelintir orang pada saat ini — pelayanan lima jabatan akan menjadi efektif kalau disatukan di dalam dan di bawah gereja lokal.

Tak seorang pun punya otoritas yang lebih besar untuk menyingkirkan penghambat-penghambat raksasa selain gembala Anda. Daud menolak pemimpin yang populer yang suka pamer seperti Saul. Ia lebih suka punya pengalaman sebagai gembala domba yang punya sikap hamba yang rendah hati.

Batu yang membunuh raksasa itu melambangkan Kristus yang diajarkan oleh gembala Anda (lihat 1 Korintus 10:4). Hendaknya Anda camkan hal ini. Ada kemungkinan bahwa raksasa terbesar tidak berada di luar diri kita. Goliat dapat ditempatkan di antara kedua telinga kita, persis di atas mata kita.

Agaknya, mengapa begitu banyak pengkhotbah masa kini tetap mendorong kita untuk mengenakan perlengkapan perang mereka yang lama ialah karena mereka masih belum sadar bahwa "senjata kami dalam perjuangan bukanlah senjata duniawi" (2 Korintus 10:4a). Raksasa yang kita takuti bukanlah keping komputer atau peluru kendali musuh. Penghambat-penghambat raksasa yang harus kita tanggulangi ialah orang-orang Kristen yang telah melanggar perjanjian dan tidak mau tunduk kepada gembala lokal. Mereka menghadiri satu seminar ke seminar yang lain sambil mencari sebuah batu baru untuk dilemparkan ke masalah mereka. Batu itu perlu tertancap dalam-dalam di alam pikiran kita terlebih dahulu.

> *Sebab itu bertobatlah! Jika tidak demikian, Aku akan segera datang kepadamu dan Aku akan memerangi mereka dengan pedang yang di mulut-Ku ini. Siapa bertelinga, hendaklah ia mendengarkan apa yang dikatakan Roh kepada jemaat-jemaat: Barangsiapa menang, kepadanya akan Kuberikan dari manna yang tersembunyi; dan Aku akan mengaruniakan kepadanya batu putih, yang di atasnya tertulis nama baru, yang tidak diketahui oleh siapa pun, selain oleh yang menerimanya* (Wahyu 2:16-17).

Kita perlu mengubah cara berpikir kita. Dukunglah pelayanan-pelayanan luar gereja yang alkitabiah yang akan memperkuat gereja lokal, tetapi jangan lupa bahwa tidak ada pengganti untuk gembala lokal. *Daud mengambil dari kantong gembala.*

Dengan perasaan terpukul, orang-orang Filistin menyaksikan pendekar raksasa mereka jatuh ke tanah. Tentara Saul berdiri dengan perasaan tidak percaya sementara orang Filistin lari ketakutan. Orang Israel dan Yehuda kemudian bangkit, berteriak, dan mengejar orang-orang Filistin. Tanpa pedang, Daud telah memenangkan pertempuran. Ia tetap seorang gembala, dan *ia tetap mengambil dari kantong gembala.*

Selain memenggal kepala Goliat, Daud juga memenggal kepala raksasa-raksasa lain. Sikap-sikapnya sedang berubah. Daud bukan lagi si anak bungsu yang menjaga domba. Ia kini menjadi pembebas bangsa Israel. Ia telah memenangkan pertempuran.

Kepada setiap gembala yang tetap setia, janganlah menjadi lemah. Jangan berkhianat dan lari kepada Saul! Hari Tuhan sudah dekat. Pertempuran akan datang. Tuhan akan menolak cahaya dan kemilau manusia, tetapi akan mengurapi *mereka yang menarik dari kantong gembala.*

Pilihan-pilihan yang kita buat pada waktu kritis dalam hidup kita akan menentukan apa yang dapat Tuhan lakukan melalui kita. Binalah selalu hubungan dengan gembala yang telah Tuhan tetapkan bagi Anda. Serangan musuh yang terbesar adalah perlawanan terhadap perjanjian, dan itu diarahkan kepada gembala-gembala sejati. Jangan tinggalkan mereka ketika mereka sangat memerlukan Anda. Mereka tidak meninggalkan Anda ketika Anda sedang sangat membutuhkan mereka.

---oo---

Sekarang semua orang Israel menyadari apa yang Daud ketahui sejauh itu. Jika Anda berada dalam perjanjian dan *menarik dari kantong gembala,* maka raksasa-raksasa akan mati.

Perjalanan perjanjian Daud sudah dimulai. Namun, ia tampil sebagai orang perjanjian tanpa satu orang pun yang mengikat perjanjian dengan dia. Perjanjian bukanlah perjanjian jika kita sendirian. Manusia tidak diciptakan untuk sendirian. "TUHAN Allah berfirman: Tidak baik, kalau manusia itu seorang diri saja. Aku akan menjadikan penolong baginya, yang sepadan dengan dia" (Kejadian 2:18).

Tuhan menciptakan seorang penolong bagi laki-laki. Melalui perempuan itu, laki-laki tersebut membuat suatu bentuk perjanjian yang akan menjadi pola hubungan yang eksis di antara Yesus dan Gereja. "Rahasia ini besar, tetapi yang aku maksudkan ialah hubungan Kristus dan jemaat" (Efesus 5:32).

Ada bentuk perjanjian lain yang sedang Tuhan tetapkan dewasa ini, yaitu perjanjian antara manusia dengan sesamanya yang Ia padukan dan gabungkan demi rancangan-rancangan-Nya sendiri. Perjanjian ini semurni dan sekuat perjanjian pernikahan. Hanya saja, bekerja dengan dimensi yang berbeda.

Daud sudah memberi makan domba-domba, melayani raja, setia menjaga ternak ayahnya, dan menghadapi serta membunuh Goliat. Ia telah melaksanakan semua hal tersebut dengan semangat perjanjian di hatinya. Semua itu tidak sia-sia, karena di suatu tempat ada seseorang yang juga sama-sama punya komitmen kepadanya. Tatkala Daud menemukan orang itu, hidupnya diubahkan untuk selamanya. Agaknya, kehadiran orang itu tidak begitu jauh dari dirinya.

Ayat-ayat Perjanjian dalam Perjanjian Lama

Daud Mengambil dari Kantong Gembala

Lalu Daud mengambil tongkatnya di tangannya, dipilihnya dari dasar sungai lima batu yang licin dan ditaruhnya dalam kantong gembala yang dibawanya, yakni tempat batu-batu, sedang umbannya dipegangnya di tangannya. Demikianlah ia mendekati orang Filistin itu.

Lalu Daud memasukkan tangannya dalam kantongnya, diambilnyalah sebuah batu dari dalamnya, diumbannya, maka kenalah dahi orang Filistin itu, sehingga batu itu terbenam ke dalam dahinya, dan terjerumuslah ia dengan mukanya ke tanah (1 Samuel 17:40, 49).

Memelihara Perjanjian Memastikan Kemenangan Akhir

Demikianlah Daud mengalahkan orang Filistin itu dengan umban dan batu; ia mengalahkan orang Filistin itu dan membunuhnya, tanpa pedang di tangan (1 Samuel 17:50).

Penerapannya dalam Perjanjian Baru

Yesus Mengambil dari Kantong Gembala

Maka Yesus menjawab mereka, kata-Nya: "Aku berkata kepadamu, sesungguhnya Anak tidak dapat mengerjakan sesuatu dari diri-Nya sendiri, jikalau tidak Ia melihat Bapa mengerjakannya; sebab apa yang dikerjakan Bapa, itu juga yang dikerjakan Anak.

Aku tidak dapat berbuat apa-apa dari diri-Ku sendiri; Aku menghakimi sesuai dengan apa yang Aku dengar, dan penghakiman-Ku adil, sebab Aku tidak menuruti kehendak-Ku sendiri, melainkan kehendak Dia yang mengutus Aku (Yohanes 5:19, 30).

Maka kata Yesus: "Apabila kamu telah meninggikan Anak Manusia, barulah kamu tahu, bahwa Akulah Dia, dan bahwa Aku tidak berbuat apa-apa dari diri-Ku sendiri, tetapi Aku berbicara tentang hal-hal, sebagaimana diajarkan Bapa kepada-Ku (Yohanes 8:28).

Paulus Mengambil dari Kantong Gembala

Sebab aku telah memutuskan untuk tidak mengetahui apa-apa di antara kamu selain Yesus Kristus, yaitu Dia yang disalibkan (1 Korintus 2:2).

Tetapi waktu Ia, yang telah memilih aku sejak kandungan ibuku dan memanggil aku oleh kasih karunia-Nya, berkenan menyatakan Anak-Nya di dalam aku, supaya aku memberitakan Dia di antara bangsa-bangsa bukan Yahudi, maka sesaat pun aku tidak minta pertimbangan kepada manusia (Galatia 1:15-16).

4
Orang Perjanjian akan Menemukan Seseorang ke dalam Siapa Ia Dapat Lebur

Daud ialah seorang pahlawan di mata Israel dan Yehuda. Namun di dalam hatinya, Daud tetap seorang gembala yang kesepian. Bagaimana mungkin begitu banyak orang menaikkan pujian sementara ia sendiri merasa tidak bahagia? Kepala pendekar Filistin ada di tangannya, tetapi di dalam hati, ia tidak merasa seperti seorang pembunuh raksasa.

Saul, yang melihat Daud pulang setelah membantai orang Filistin, berusaha memanfaatkan popularitas yang tiba-tiba dikenyam anak muda itu. Kesukaannya untuk memanfaatkan kesempatan telah membuat Saul memanggil Daud. Ia mulai menanyakan siapakah Daud dan apa rencananya di masa depan. Politikus cerdas yang asalnya raja atas bangsa itu sedang berhitung bagaimana ia dapat mengembangkan agendanya sendiri setelah ia berhubungan dengan pahlawan temuan baru itu. Dengan sejumlah orang-orangnya dan putranya, Yonatan, sebagai pendamping, Saul mulai menjalankan jebakan terhadap gembala muda tersebut.

Daud tidak senaif seperti yang diharapkan Saul. Ia sudah pernah berkelahi melawan singa, beruang maupun serigala. Daud betul-betul tidak berminat pada hubungan yang berbau politis. Hatinya menginginkan hubungan perjanjian, hubungan yang akan menggenapi rancangan yang sudah dinubuatkan. Daud tahu bahwa membunuh Goliat bukanlah tujuan, tetapi semata-mata sebuah sarana untuk menggenapi tujuannya. Lebih jauh, pemazmur muda itu telah menemukan bahwa kepuasan yang murni diperoleh dari *tindakan meleburkan diri dalam diri orang lain,* tindakan yang lebih besar ketimbang yang kita kejar dalam hidup ini.

Saat Daud mulai berbicara, terlihat jelas bahwa Saul sudah merendahkan hati gembala itu. Tetapi, Yonatan terpikat oleh kata-kata Daud.

Selama bertahun-tahun Yonatan hidup di bawah kendali dan kediktatoran ayahnya yang ambisius. Yonatan haus dan siap untuk membentuk hubungan yang murni yang tidak didorong oleh kepentingan diri sendiri. Yonatan siap untuk *dilebur dalam diri orang lain.*

---oo---

Pertanyaan yang mengubah arah kehidupan Daud adalah jawaban yang juga mengubah arah hati Yonatan. "Kata Saul kepadanya: 'Anak siapakah engkau, ya orang muda?' Jawab Daud: 'Anak hamba tuanku, Isai, orang Betlehem itu.'" Pertanyaan ini mengarahkan jalan hidup Daud dan Yonatan ke jalur yang baru.

Sementara Daud menggambarkan ayahnya, Isai, Yonatan tahu bahwa gembala muda itu mengagumi ayahnya, suatu kondisi yang ia sendiri tidak pernah rasakan. Saul mampu memberi keturunan yang menghadirkan Yonatan di dunia ini, tetapi Saul jauh dari figur seorang ayah. Sambil mendengarkan kata-kata Daud, Yonatan sadar bahwa untuk menjadi seorang ayah, dibutuhkan lebih dari sekadar kemampuan untuk memberikan keturunan. Yonatan mati-matian ingin *menyatu dalam diri orang lain.*

> *Ketika Daud habis berbicara dengan Saul, berpadulah jiwa Yonatan dengan jiwa Daud; dan Yonatan mengasihi dia seperti jiwanya sendiri* (1 Samuel 18:1).

Siapa yang dapat membayangkan bahwa saudara perjanjian yang Daud dambakan akan datang dari keluarga Saul? Demikian juga, siapa yang dapat membayangkan bahwa putra Saul begitu ingin menjadi orang perjanjian?

Hari itu Saul mendesak Daud untuk tinggal di istana dan tidak kembali ke rumah ayahnya. Motif Saul adalah untuk kepentingan diri sendiri, tetapi Tuhan punya andil di dalam prosesnya. Yonatan dan Daud akan *dilebur menjadi satu.*

Hari ini Tuhan sedang membentuk hubungan antarmanusia, demi rancangan-Nya, orang-orang yang sudah jemu dengan hubungan politis yang mengendalikan, yang hanya memuaskan kedagingan. Tuhan sedang memadukan dua orang yang bersedia untuk saling melayani, yang bersedia *lebur dalam diri orang lain* — orang-orang yang lebih memperhatikan saudara atau saudari perjanjian ketimbang dirinya sendiri.

> *Dengan tidak mencari kepentingan sendiri atau puji-pujian yang sia-sia. Sebaliknya hendaklah dengan rendah hati yang seorang menganggap yang lain lebih utama daripada dirinya sendiri; dan janganlah tiap-tiap orang hanya memperhatikan kepentingannya sendiri, tetapi kepentingan orang lain juga* (Filipi 2:3-4).

Anda mungkin terkejut ketika menyadari ke dalam siapa Anda dileburkan hari ini. Penentuan saudara perjanjian tidak berdasarkan pada kepribadian dua orang, tetapi pada rancangan dan potensi Kerajaan. Tuhan dapat memadukan kita dengan orang yang mengalami pembaruan dalam keluarga Saul, dapat juga dengan orang yang baru bebas dari dosa yang serius. Bagi Tuhan, yang penting ialah rancangan-Nya. Satu-satunya pertanyaan yang riil ialah, "Apakah Anda bersedia dilebur dalam diri orang lain?"

Bahasa Ibrani yang menggambarkan apa yang terjadi ketika jiwa Yonatan "berpadu" dengan Daud ialah *qashar* dan kata ini hanya digunakan satu kali sepanjang Alkitab. *Qashar* berarti, "mengikatkan, secara fisik membatasi atau menyatukan dalam sebuah ikatan kasih; terjalin semakin kuat." Definisi ini menyiratkan bahwa perjanjian oleh Roh adalah sebuah kesepakatan yang mengikat seumur hidup. Akan tetapi, Roh hanya memberdayakannya.

Kitab Suci berkata bahwa "jiwa" Yonatan berpadu dengan jiwa Daud. Kata *soul* (jiwa) berasal dari kata (Ibrani) *naphash,* yang merupakan akar kata dari *nephesh.* Definisi ini, sebagaimana diberikan oleh *Strong's Exhaustive Concordance of the Bible* (5314 dan 5315), berarti "napas dan vitalitas." Dalam perjanjian yang murni, Tuhan mengembuskan napas hidup ke dalam hubungan antara dua orang, yang membuat rancangan-rancangan mereka masing-masing menjadi hidup dan kuat sehingga tidak dapat dipisahkan. Kita ini bukan apa-apa tanpa orang lain. Individualisme harus mati. *Kita harus lebur dalam diri orang lain.*

> *Yonatan mengikat perjanjian dengan Daud karena ia mengasihi dia seperti dirinya sendiri* (1 Samuel 18:3).

Ketika Kitab Suci mengatakan bahwa Yonatan "mengasihi" Daud seperti jiwanya sendiri, ini bukan "kasih" yang sama seperti ketika Mikhal dikatakan "mengasihi" Daud atau ketika Israel dan Yehuda disebutkan "mengasihi" Daud. Bentuk kasih perjanjian yang dimaksud memungkinkan seseorang untuk lebih menyukai saudara perjanjiannya melebihi dirinya sendiri. Mikhal mengasihi Daud agar Daud berhasil dalam tugasnya. Israel dan Yehuda mengasihi pembunuh raksasa yang masih muda itu agar ia meraih kemenangan bagi mereka. Yonatan mengasihi Daud oleh Roh demi siapa ia sebenarnya, bukan demi apa yang ia lakukan.

> *Yonatan menanggalkan jubah yang dipakainya, dan memberikannya kepada Daud, juga baju perangnya, sampai pedangnya, panahnya dan ikat pinggangnya* (1 Samuel 18:4).

Kalimat "menanggalkan jubah yang dipakainya" menyiratkan bahwa kedua laki-laki yang masih muda ini mulai *saling meleburkan diri.* Sementara Yonatan menyerahkan baju perangnya kepada Daud, Daud menutupi ketelanjangan Yonatan dengan sikap rendah hatinya. Mereka berdiri berhadapan muka, tanpa pakaian dan tanpa merasa malu. Daud *sedang lebur dalam diri* Yonatan, dan Yonatan *sedang lebur dalam diri Daud.*

Di kalangan orang perjanjian, tidak ada sesuatu yang harus saling disembunyikan. Mereka tidak takut untuk melihat kekurangan dalam diri saudara atau saudari perjanjiannya. Ketika Tuhan memadukan hati Anda dengan seseorang, yang terjadi lebih dalam dari sekadar perasaan. Dalamnya sebuah komitmen perjanjian hanya dapat dipahami oleh orang yang mengalaminya.

Orang perjanjian memiliki kesamaan dalam segala hal, tetapi ini tidak berarti bahwa perjanjian adalah sesuatu yang biasa-biasa saja. Seseorang tidak dapat berkanjang dalam dosa dan sekaligus hidup dalam perjanjian. Berdosa berarti hidup di luar perjanjian. Saudara perjanjian saya tidak dapat mencuri apa pun dari saya karena apa pun yang saya miliki sudah menjadi miliknya. Saudara perjanjian tidak dapat berdosa satu terhadap yang lain. Dosa hidup di luar perjanjian. Kebenaran berarti hidup di dalam perjanjian.

Jubah kerajaan Yonatan menempatkan dia untuk menjadi raja berikutnya. Namun, Daud telah diurapi dalam sebuah seremoni tersendiri oleh Nabi Samuel untuk menjadi raja berikutnya karena Tuhan telah menolak Saul. Saul tidak tahu bahwa Tuhan telah mengambil penggantinya, dan bahwa pengganti itu ada di istananya sendiri! Yonatan memberikan haknya untuk naik takhta kepada Daud. Namun ketika Daud memerintah, Yonatan memerintah bersamanya karena mereka telah *saling lebur.*

Tuhan sedang mencari di bumi ini pria-pria dan wanita-wanita yang jiwanya lebih berpadu dengan orang lain ketimbang dengan dirinya sendiri. Tuhan mencari pria-pria dan wanita-wanita yang rela mengorbankan diri sendiri demi keberhasilan orang lain. Tuhan mencari pria-pria dan wanita-wanita yang stabil dan juga tidak angkuh. Pria-pria dan wanita-wanita yang merasa tidak stabil dan angkuh tidak dapat menjadi orang perjanjian, karena mereka tidak mau lebur dalam diri orang lain.

Orang perjanjian itu stabil mentalnya dan cukup rendah hati untuk menempatkan kebutuhan serta keberhasilan orang lain melebihi kepentingan mereka sendiri. Anda akan tahu bahwa Anda telah menemukan saudara perjanjian manakala hati Anda dipadukan dengan cara perjanjian, dan Anda ingin *lebur dalam diri orang tersebut.* Perjanjian tidak bertujuan menyenangkan diri sendiri; perjanjian bersifat menggenapi nubuatan. Anda dapat mengenali bahwa hubungan yang Anda miliki ditentukan oleh Tuhan apabila hubungan itu mengarahkan Anda pada tujuan hidup Anda. Orang perjanjian dirancang untuk *lebur dalam diri orang lain.* Kepuasan sejati timbul ketika Anda membantu saudara perjanjian Anda dalam menemukan tujuan hidupnya dan meraih sasarannya. Sebagaimana Yosua zaman dahulu, Anda betul-betul akan *menjadi orang yang mewariskan sesuatu!*

Ayat-ayat Perjanjian dalam Perjanjian Lama

Daud Lebur dalam Diri Yonatan

Ketika Daud habis berbicara dengan Saul, berpadulah jiwa Yonatan dengan jiwa Daud; dan Yonatan mengasihi dia seperti jiwanya sendiri.

Yonatan mengikat perjanjian dengan Daud, karena ia mengasihi dia seperti dirinya sendiri.

Yonatan menanggalkan jubah yang dipakainya, dan memberikannya kepada Daud, juga baju perangnya, sampai pedangnya, panahnya dan ikat pinggangnya (1 Samuel 18:1, 3-4).

Penerapannya dalam Perjanjian Baru

Yesus Lebur dalam Diri Orang lain

Akulah gembala yang baik. Gembala yang baik memberikan nyawanya bagi domba-dombanya (Yohanes 10:11).

Barangsiapa mempertahankan nyawanya, ia akan kehilangan nyawanya, dan barangsiapa kehilangan nyawanya karena Aku, ia akan memperolehnya (Matius 10:39).

Dan jikalau kamu tidak setia dalam harta orang lain, siapakah yang akan menyerahkan hartamu sendiri kepadamu? (Lukas 16:12).

Paulus Lebur dalam Diri Timotius dan Orang Lain

Kepada Timotius, anakku yang sah di dalam iman: kasih karunia, rahmat dan damai sejahtera dari Allah Bapa dan Kristus Yesus, Tuhan kita, menyertai engkau (1 Timotius 1:2).

Karena itu aku suka mengorbankan milikku, bahkan mengorbankan diriku untuk kamu. Jadi jika aku sangat mengasihi kamu, masakan aku semakin kurang dikasihi? (2 Korintus 12:15).

5

Orang Perjanjian Berperilaku Bijak

Dewasa ini sikap yang berbau politis tidak akan dapat diterapkan, apalagi bertahan. Saul beranggapan bahwa tinggalnya Daud di dalam istana kerajaan pasti akan memperbesar jumlah donasi yang diperolehnya, juga akan meningkatkan popularitasnya. Saul tidak tahu bahwa perjanjian tidak dapat dipalsukan. Anda mungkin kenal seorang perjanjian, apakah ia pria atau wanita, tetapi ini tidak membuat *Anda* menjadi pria atau wanita perjanjian.

Sesuai dengan rancangan Tuhan, Yonatan dipadukan dalam hidup dan pelayanan Daud. Daud diterima oleh semua pasukan perang, semua orang awam, belum lagi pegawai-pegawai Saul sendiri. Kondisi ini dicapai oleh Daud melalui *perilaku yang bijak*.

---oo---

Untuk menjalankan agendanya, Saul menetapkan Daud sebagai panglima perang. Oleh karenanya, orang perjanjian ini memahami bahwa ia harus mewakili Saul, bukan dirinya sendiri. Maka, Daud pergi ke mana pun Saul mengutusnya. Daud juga selalu *diutus* ke ladang misinya. Ia tidak pernah pergi sekehendak hatinya. Orang perjanjian mengemban amanat. Mereka bergerak di bawah perintah.

Sekalipun Daud bertindak hati-hati untuk tidak membuat orang berfokus padanya, ternyata orang selalu mengagung-agungkan dia. Orang perjanjian selalu disambut karena mereka senantiasa menempatkan orang lain terlebih dahulu. Dunia sedang mencari orang-orang perjanjian yang tidak mementingkan diri sendiri. Orang perjanjian berusaha melakukan apa yang terbaik bagi orang lain sekalipun harus mengorbankan diri sendiri.

Orang perjanjian tidak iri melihat keberhasilan orang lain. Saul tidak punya konsep perjanjian. Ia adalah raja lalim yang dengki, selalu mementingkan diri sendiri dan agamawi. Agama selalu berusaha mempromosikan diri sendiri. Perjanjian selalu meninggikan Tuhan dan orang lain.

Akibat kedengkian, peperangan waktu itu terjadi sesering zaman sekarang. Untuk merayakan kemenangan pendekar Filistin, diselenggarakan sebuah parade bagi Saul. Acara itu dimaksudkan untuk menghormati Saul. Namun perempuan-perempuan bersorak-sorai dengan menyanyi dan menari, dan mereka berseru, "Saul mengalahkan beribu-ribu musuh, tetapi Daud berlaksa-laksa" (1 Samuel 18:7b). Perasaan terancam dan kedengkian dalam diri Saul membuatnya tidak dapat menerima kenyataan bahwa pujian jatuh kepada orang lain, bukan kepada dirinya.

> *Lalu bangkitlah amarah Saul dengan sangat; dan perkataan itu menyebalkan hatinya, sebab pikirnya: "Kepada Daud diperhitungkan mereka berlaksa-laksa, tetapi kepadaku diperhitungkannya beribu-ribu; akhir-akhirnya jabatan raja itu pun jatuh kepadanya." Sejak hari itu maka Saul selalu mendengki Daud* (1 Samuel 18:8-9).

Perasaan terancam, curiga dan kedengkian adalah tiga ancaman terbesar bagi perjanjian. Saul memiliki ketiganya. Ia merasa terancam karena Tuhan bersama Daud dan roh Tuhan meninggalkan dia (lihat 1 Samuel 18:12). Ia merasa curiga terhadap Daud karena orang banyak mengasihi dia. Saul punya motif yang salah, sehingga ia menganggap bahwa Daud juga punya niat jahat. Saul merasa dengki karena perhatian yang Daud dapatkan dari Yonatan, dari semua orang, dan bahkan dari pegawai-pegawainya sendiri. Meskipun demikian, Daud tetap *berperilaku bijak.*

Sistem agamawi maupun sistem denominasi gereja akan membawa Anda masuk ke dalam arena itu dan memperlakukan Anda seperti raja, tetapi orang-orang di dalamnya menolak untuk berubah. Kondisi statis sajalah yang diterima. Agama bersifat politis, bukan nubuatan. Yang dicari sistem agamawi ialah orang-orang sewaan, bukan hamba-hamba perjanjian. Bagi sistem ini, orang perjanjian merupakan ancaman karena mereka bersikap apa adanya dalam hubungan mereka dengan sesama. Manusia-

manusia agamawi hanya membangun hubungan demi tujuan mereka yang sementara sifatnya, dan kemudian dicampakkan.

Pikiran Saul tergoda untuk menghancurkan Daud, tetapi dalam prosesnya itu justru menghancurkan dirinya sendiri. Kepada setiap pelanggar perjanjian, saya ingin memperingatkan: Perasaan terancam, curiga dan kedengkian akan menyebabkan Anda menghancurkan diri sendiri. Bertumbuhlah, pulihkan, percayai dan dukunglah orang lain.

Pada saat para pria terpikat oleh gelar maupun jabatan, Tuhan mencari pria-pria dan wanita-wanita yang *bersedia berperilaku bijak*. Daud terus melayani Saul dengan setia. Daud berada di istana Saul bukan untuk diakui dan dielu-elukan masyarakat. Hatinya kini berpadu dengan putra Saul. Tidak ada yang bisa memutuskan hubungan perjanjian antara keduanya. Daud sudah *berperilaku bijak*.

Gelar maupun jabatan sendiri tidak salah; kenyataannya, kedua hal ini diperlukan dan dinilai perlu. Masalahnya, orang merebut gelar maupun jabatan itu dengan cara yang tidak bersih, bukannya menunggu Tuhan menganugerahkan kedua hal tersebut. Gelar semata-mata sebuah deskripsi tugas, dan jabatan hanyalah lingkup di mana Anda melaksanakan deskripsi tugas itu. Daud juga tidak pernah mencari gelar maupun jabatan, namun kedua hal itu dianugerahkan kepadanya karena *ia berperilaku bijak*.

Tak peduli bagaimana Saul memperlakukan Daud dengan sewenang-wenang, gembala muda ini tidak pernah berhenti dari *perilaku bijak*. Bahkan, sudah dua kali Saul berusaha membunuh Daud dengan tombak. Daud berhasil lolos dari kedua usaha pembunuhan itu, namun ia tidak pernah membiarkan kepahitan bercokol dalam rohnya.

Saul bahkan mengucapkan nubuat sementara ia melontarkan tombak kepada Daud (lihat 1 Samuel 18:10-11). Sistem agamawi memberi Anda nubuat sementara mereka berusaha membunuh Anda. Bahwa seorang individu atau sebuah organisasi mampu bernubuat dengan tepat tidak selalu mengindikasikan bahwa Tuhan menerima individu atau organisasi tersebut. Tuhan nyaris tidak tertarik pada karunia-karunia sebagaimana Ia tertarik pada buah roh. Karunia dapat diajarkan, namun buah roh harus dikembangkan. Karakter tidak dapat diimpartasikan melalui penumpangan tangan. Karakter harus dibangun atau ditumbuhkan. Ketajaman dalam melihat pikiran seseorang sering disamarkan sebagai apa yang disebut karunia nubuat. Buah roh, karakter dan sifat dasar Kristus, tidak dapat ditiru atau dipalsukan. Saul mungkin mampu bernubuat, tetapi hati perjanjianlah yang membuat Daud setia. Saul memiliki karunia, tetapi Daud memiliki buah roh. Itulah sebabnya Tuhan menolak Saul dan memilih Daud.

Saul, dalam upayanya mengendalikan Daud, menawarkan Merab, putri sulungnya, untuk diperistri. Daud *berperilaku bijak* dan berkata, "Siapakah aku dan siapakah sanak saudaraku, kaum ayahku, di antara orang Israel, sehingga aku menjadi menantu raja?" (lihat 1 Samuel 18:18). Saul kemudian mengutus Daud ke medan perang dengan harapan bahwa ia akan tewas terbunuh. Sementara Daud di sana, Saul memberikan Merab kepada Adriel sebagai istrinya. Sekembalinya dari medan perang, Daud hanya menyaksikan penipuan Saul, namun ia masih *berperilaku bijak.*

Merab berarti "peningkatan".[1] Saul menawarkan peningkatan sepanjang Daud dapat dikendalikan. Hubungan politis selalu dikendalikan. Pemimpin agamawi akan menubuatkan peningkatan Anda sepanjang Anda tetap berada di bawah kendalinya. Simak baik-baik peringatan ini — para pemimpin agamawi tidak berniat memberi peningkatan. Itu hanyalah sebuah manuver untuk membuat Anda pergi ke medan perang demi mereka. *Adriel* berarti "kelompok orang dalam."[2] Tatkala Daud berperang, Saul memberikan "peningkatan" pada "kelompok orang dalam." Jangan mau diperdaya. Orang-orang yang tidak memahami perjanjian tidak akan memegang ucapan mereka. Mereka hanya akan mendukung orang-orangnya sendiri.

Daud menang perang dan ketika kembali ke rumah ia menemukan bahwa peningkatan kesejahteraannya telah diberikan kepada orang lain. Jika kisah ini terdengar tidak asing bagi Anda, agaknya Anda sedang dikelilingi oleh para pelanggar perjanjian. Belajarlah dari Daud. Jangan ikut-ikutan melanggar perjanjian. Tetaplah setia dan kemudian perhatikan bagaimana Tuhan membuktikan bahwa Ia adalah Tuhan demi Anda. Jadilah seperti Daud, dan *berperilakulah bijak.*

Saul punya seorang putri lain yang jatuh cinta kepada Daud. Sekali lagi Daud menyikapi dengan pernyataan, "Perkara ringankah pada pemandanganmu menjadi menantu raja?" (lihat 1 Samuel 18:23). Saul mengikat perjanjian dengan Daud bahwa ia akan memberikan Mikhal sebagai istri dan ditukar dengan seratus kulit khatan orang Filistin. Sekali lagi, Saul kembali berharap bahwa Daud akan tewas terbunuh oleh musuh (lihat 1 Samuel 18:25).

Namun, jumlah orang yang dibunuh Daud melebihi yang diminta Saul. Ia membunuh 200 orang Filistin dan menyerahkan kulit-kulit khatannya kepada Saul. Saul memberikan Mikhal kepada Daud untuk diperistri. Saul sadar bahwa Tuhan bersama Daud, dan Mikhal maupun Yonatan mengasihi Daud. Semua pelayan-pelayan Saul mengelu-elukan nama Daud. Di mana pun Saul berada, Daud disanjung-sanjung. Kedengkian Saul yang membabi buta makin meningkat.

> *Maka makin takutlah Saul kepada Daud. Saul tetap menjadi musuh Daud seumur hidupnya* (1 Samuel 18:29).

---oo---

Makin sering Saul memanfaatkan dan melecehkan Daud, makin tunduk dan setia orang perjanjian Tuhan ini. Daud diberi Mikhal sekalipun ia dijanjikan Merab. *Mikhal* berarti "anak sungai, sebuah sungai kecil."[3] Daud sudah dijanjikan untuk mendapat peningkatan yang besar, tetapi ia harus puas dengan sebuah anak sungai yang kecil. Orang perjanjian akan bersabar dengan yang kecil, sekalipun apa yang sudah dijanjikan kepadanya adalah besar.

Daud sangat sadar bahwa Tuhan akan mengubah susunan dari segala sesuatu. Ia memiliki saudara perjanjian yang sejati dalam diri Yonatan. Apalagi yang ia inginkan? Jadi, untuk sekarang, ia memilih tetap *berperilaku bijak*.

Saul merendahkan Daud, namun Yonatan mengasihi Daud sebagaimana adanya. Mikhal mengasihi Daud untuk apa yang telah ia capai. Israel dan Yehuda mengasihi Daud untuk apa yang telah ia lakukan bagi mereka. Tuhan mengasihi Daud karena ia memiliki hati perjanjian yang bijak. *Orang perjanjian berperilaku bijak*.

Catatan

1. James Strong, *Strong's Exhaustive Concordance of the Bible* (Peabody, MA: Hendrickson Publishers, tanpa tahun), **merab,** #4764.
2. *Strong's,* **Adriyel,** #5741. Juga lihat **eder,** #5739 — "rancangan dari atau di kalangan orang dalam."
3. *Strong's,* **Miykal,** #4324.

Ayat-ayat Perjanjian dalam Perjanjian Lama

Daud Berperilaku Bijak

Daud maju berperang dan selalu berhasil ke mana juga Saul menyuruhnya, sehingga Saul mengangkat dia mengepalai para prajurit. Hal ini dipandang baik oleh seluruh rakyat dan juga oleh pegawai-pegawai Saul.

Daud berhasil di segala perjalanannya, sebab TUHAN menyertai dia (1 Samuel 18:5, 14).

Apabila Orang Perjanjian Bersikap Bijak, Orang Lain Melihatnya

Ketika dilihat Saul, bahwa Daud sangat berhasil, makin takutlah ia kepadanya;

Apabila raja-raja orang Filistin maju berperang, setiap kali mereka maju berperang, maka Daud lebih berhasil dari semua pegawai Saul, sehingga namanya sangat masyhur (1 Samuel 18:15, 30).

Penerapannya dalam Perjanjian Baru

Yesus Berperilaku Bijak

Dari manakah baptisan Yohanes? Dari surga atau dari manusia? Mereka memperbincangkannya di antara mereka, dan berkata: "Jikalau kita katakan: Dari surga, Ia akan berkata kepada kita: Kalau begitu, mengapakah kamu tidak percaya kepadanya?"

Tetapi jikalau kita katakan: Dari manusia, kita takut kepada orang banyak, sebab semua orang menganggap Yohanes ini nabi.

Lalu mereka menjawab Yesus: "Kami tidak tahu." Dan Yesus pun berkata kepada mereka: "Jika demikian, Aku juga tidak mengatakan kepadamu dengan kuasa manakah Aku melakukan hal-hal itu" (Matius 21:25-27).

Lihat, Aku mengutus kamu seperti domba ke tengah-tengah serigala, sebab itu hendaklah kamu cerdik seperti ular dan tulus seperti merpati (Matius 10:16).

Paulus Berperilaku Bijak

Bagi orang-orang yang lemah aku menjadi seperti orang yang lemah, supaya aku dapat menyelamatkan mereka yang lemah. Bagi semua orang aku telah menjadi segala-galanya, supaya aku sedapat mungkin memenangkan beberapa orang dari antara mereka (1 Korintus 9:22).

Sebab kamu sendiri tahu, bagaimana kamu harus mengikuti teladan kami, karena kami tidak lalai bekerja di antara kamu (2 Tesalonika 3:7).

6

Orang Perjanjian Saling Menyukai dan Melayani

Kedengkian, perasaan terancam, dan curiga telah mengobarkan amarah serta murka Saul. Ia menjadi lepas kendali karena merasa bahwa harinya sudah makin dekat di mana ia akan digantikan. Roh Tuhan sudah meninggalkan dia. Dua dari anak-anaknya sendiri telah menunjukkan kesetiaan kepada Daud. Seluruh penduduk kerajaan memandang Daud sebagai pahlawan. Ini tidak boleh terjadi! Anak gembala yang kemerah-merahan ini telah merebut hati seluruh bangsa. Tiba-tiba Saul sadar bahwa penggantinya, sampai hari itu, sudah tinggal di istananya! Penggantinya bukan putranya sendiri, melainkan anak gembala yang menjadi prajurit ini.

Diam-diam Saul merancang akan menghancurkan Daud, tetapi setiap rancangannya selalu ketahuan sebelum diwujudkan. Harus ada tipu muslihat untuk membuat orang perjanjian ini berkhianat, atau setidaknya untuk berperilaku tidak bijak. Daud pasti punya kelemahan. Apakah Tuhan betul-betul melindungi orang perjanjian yang punya kelemahan? Raja yang merasa terancam tidak sanggup untuk tinggal diam.

Saul mengadakan rapat darurat dengan pangeran Yonatan dan semua pegawainya. Tentu saja dalam diri putranya mengalir darah Saul sehingga ia punya ambisi untuk menjadi raja yang berikut. Saul punya kartu terakhir. Jika Daud tidak dibunuh, Yonatan tidak akan pernah menjadi raja. Daud harus dibunuh.

Apa yang tidak pernah Saul pahami ialah perjanjian yang dibuat antara Daud dan Yonatan. Yonatan telah melepaskan haknya kepada Daud untuk naik takhta. Yonatan adalah orang perjanjian yang telah lebur dalam diri Daud. Yonatan *sangat menyukai* Daud. Yonatan hanya ingin *melayani*

Daud sebagaimana Daud melayani Saul.

---oo---

Pangeran muda itu berusaha mengemukakan alasannya kepada sang ayah. Makin besar usahanya untuk membujuk Saul, makin marahlah Saul. Bagaimanapun juga, perintah telah diberikan untuk "membunuh Daud" (lihat 1 Samuel 19:1).

Yonatan punya sebuah perjanjian dengan Daud yang merasuk lebih dalam ketimbang darah yang mengalir di dalam tubuhnya. Darah domba yang digunakan dalam perjanjian seremonial mereka lebih kental ketimbang darah yang ia wariskan dari ayah biologisnya. Anak domba adalah seorang hamba. Anak Domba Mesias, Anak sulung Daud, di kemudian hari dibawa ke tempat pembantaian tanpa membuka mulut (lihat Matius 1:1; Kisah Para Rasul 8:32). Yonatan adalah orang yang punya rancangan Tuhan di dalam diri Daud. Yonatan adalah seorang hamba.

Yonatan mencerminkan anak-anak Tuhan yang adalah "orang-orang yang diperanakkan bukan dari darah atau dari daging, bukan pula secara jasmani oleh keinginan seorang laki-laki, melainkan dari Allah" (Yohanes 1:13).

Yonatan *sangat menyukai* Daud dan punya komitmen *untuk melayani* dia. Tak ada siapa pun atau apa pun yang mampu melanggar perjanjian ini. Yonatan merasa yakin bahwa pada waktunya ia akan dapat mengubah pandangan Saul mengenai Daud. Bagaimanapun juga, Daud belum pernah menginginkan takhta. Ia selalu taat sambil melakukan apa yang terbaik bagi orang lain.

Yonatan menyuruh Daud agar waspada, setidaknya sampai keesokan paginya. Yonatan akan berbicara dengan Saul dan ia akan mengemukakan alasannya. Pasti, Saul akan sadar. Yonatan dan Daud *saling menyukai dan melayani.* Sudah lama mereka menunggu saatnya untuk bertemu. Kedengkian dan perasaan terancam tidak dapat mematahkan perpaduan yang sudah dibangun bagi mereka.

> *Sehingga Yonatan memberitahukan kepada Daud: "Ayahku Saul berikhtiar untuk membunuh engkau; oleh sebab itu, hati-hatilah besok pagi, duduklah di suatu tempat perlindungan dan bersembunyilah di sana* (1 Samuel 19:2).

Kepada setiap orang perjanjian yang setia, kalau diserang, camkanlah kata-kata yang terkandung dalam ayat sebelumnya. Agama akan berusaha membunuh Anda. Jika tidak secara fisik, maka akan dijalankan melalui fitnah, godaan dan kabar angin. Namun, ketahuilah ini: Ada sebuah tempat bagi Anda untuk bersembunyi sampai esok pagi.

Saya bertemu setiap minggu dengan pria-pria dan wanita-wanita yang telah dihancurkan hidupnya oleh orang-orang yang meninggalkan keluarga, gereja, pekerjaan dan hubungan mereka. Pelaku penghancuran itu sedang berusaha menghancurkan orang-orang yang mereka tinggalkan. Yang sering kali menyedihkan, pengecut-pengecut ini adalah mereka yang kepada siapa orang perjanjian telah menanamkan paling banyak waktu dan energinya. Adakalanya, mereka yang *disukai dan dilayani* orang perjanjian adalah mereka yang pergi dengan sikap yang paling buruk. Daud telah mempersembahkan seluruh hidupnya untuk Saul dan ia tidak mendapatkan apa-apa kecuali sakit hati. Tidak ada yang diperoleh, kecuali perjanjiannya dengan Yonatan. Perjanjiannya dengan Yonatan sama besarnya dengan kepedihan yang dirasakan Saul.

Esok pagi akan tiba. Seakan-akan malam tidak akan berakhir, tetapi hendaknya Anda waspada — esok pagi akan tiba! Ingat, Anda adalah orang perjanjian. Tinggal tetap di dalam Tuhan hendaknya menjadi bagian yang hakiki dari hidup Anda. Semua orang perjanjian tidak asing dengan tempat rahasia yang hanya dapat dinikmati dalam sebuah perjanjian. Tetaplah berada di situ sampai esok pagi. Sembunyikan diri Anda dalam janji yang diberikan oleh perjanjian Anda dengan Tuhan.

> *Orang yang duduk dalam lindungan Yang Mahatinggi dan bermalam dalam naungan Yang Mahakuasa* (Mazmur 91:1).

Yonatan campur tangan demi Daud. Ia menunjukkan bahwa Daud tidak bersalah. Pasti Israel tidak akan mendukung pembunuhan orang yang tidak bersalah. "Saul mendengarkan perkataan Yonatan dan Saul bersumpah: 'Demi TUHAN yang hidup, ia tidak akan dibunuh'" (1 Samuel 19:6).

Situasi kelihatan normal kembali. Daud melayani pasukan dan kerajaan Saul. Yonatan dan Daud bertemu di tempat-tempat rahasia *karena mereka saling menyukai dan melayani.* Mikhal dan Daud terlihat selaras sekalipun perempuan itu terkadang berperilaku amat mirip ayahnya. Namun hati-hati, sobat. Situasi tidak pernah tetap normal dengan orang-orang yang tidak memahami perjanjian.

Saul kembali mengamuk. Ketika Daud bermain kecapi, Saul melemparkan tombak ke arah Daud. Dengan sekuat tenaga Daud berusaha menyelamatkan diri dalam kegelapan malam. Agama dapat bersembunyi untuk sesaat di tengah-tengah perjanjian tetapi musuh akhirnya akan terlihat.

Mikhal mengingatkan Daud bahwa ayahnya tidak akan berhenti berusaha sampai Daud terbunuh. Mikhal meluputkan Daud dengan menyuruhnya pergi malam itu ke Nabi Samuel di Nayot dekat Rama. *Nayot* berasal dari akar kata (Ibrani) yang berarti "beristirahat."[1] *Rama* berarti "tempat yang tinggi."[2] Di dalam kegelapan seperti itu, ketika manusia berusaha menghancurkan hidup Anda, bersukacitalah karena Anda memiliki seorang imam agung yang telah menyediakan sebuah tempat yang tinggi untuk beristirahat.

Kemudian jelaslah bagi Daud bahwa hanya ada satu langkah antara dirinya dan kematian. Samuel memberi jaminan kepada Daud bahwa Tuhan punya rencana bagi hidupnya dan bahwa ia tidak akan meninggal sebelum ia menyelesaikan tugasnya. Nabi itu mengingatkan dia mengenai upacara pengudusan di rumah Isai. Pada waktu itu Tuhan telah menolak Saul. Samuel memberi tahu Daud bahwa ia tidak boleh menghindari apa yang telah Tuhan gariskan.

Saya ingin meneguhkan setiap pria dan wanita perjanjian. Apa pun yang sekarang Anda lihat, Tuhan punya rencana untuk hidup Anda. Anda tidak akan meninggal sebelum Anda menyelesaikan tugas Anda. Tuhan sudah memilih Anda sejak lama, dan Anda tidak dapat menghentikan proses tersebut. Anda digariskan untuk memerintah dan berkuasa.

Yonatan menyelinap untuk menghabiskan waktu bersama Daud dan mengingatkan dia bahwa Saul tidak akan berhenti berusaha. Yonatan sulit mempercayai bahwa ayahnya akan melanggar ucapannya, tetapi Saul tidak pernah memahami perjanjian. Ketika Yonatan dan Daud berjumpa, Saul rebah dengan telanjang dan bernubuat di hadapan Samuel.

Pelanggar perjanjian dapat terbuka dan telanjang untuk sesaat ketika Roh Tuhan berada atas dirinya, tetapi di bawah jubah nubuat ada sebuah roh pemecah dan pembunuh. Di antara nabi-nabi, Saul berperilaku seperti nabi-nabi, tetapi ketika berjauhan dari mereka, ia berperilaku seperti orang kurang waras yang minta perhatian. Sekali lagi, karunia bukanlah meterai yang menunjukkan bahwa Tuhan menerimanya.

Kini Yonatan dipaksa untuk memutuskan antara ayah biologisnya dan ayah perjanjiannya. Sebetulnya, tidak ada pilihan. Perjanjian lebih dalam dan lebih kuat daripada darah. Ia tidak dilahirkan dari darah; ia dilahirkan oleh kehendak Tuhan.

Perjanjian tidak selalu dapat dijalani dengan mudah. Perjanjian harus dibayar dengan harga mahal. Yesus berkata, "Siapa ibu-Ku? Dan siapa saudara-saudara-Ku? Lalu kata-Nya, sambil menunjuk ke arah murid-murid-Nya: 'Ini ibu-Ku dan saudara-saudara-Ku! Sebab siapa pun yang melakukan kehendak Bapa-Ku di surga, dialah saudara-Ku laki-laki, dialah saudara-Ku perempuan, dialah ibu-Ku'" (Matius 12:48b-50).

Keputusan sudah dibuat. Perjanjian tetap dipegang. *Mereka saling menyukai dan melayani.* Yonatan berkata kepada Daud, "Apa pun kehendak hatimu, aku akan melakukannya bagimu" (1 Samuel 20:4).

Catatan

1. James Strong, *Strong's Exhaustive Concordance of the Bible* (Peabody, MA: Hendrickson Publishers, tanpa tahun), **navah,** #5115.
2. *Strong's,* **râmâh,** #7413.

Ayat-ayat Perjanjian dalam Perjanjian Lama

Perjanjian Lebih Dalam dan Lebih Kuat dari Darah

Tetapi Yonatan, anak Saul, sangat suka kepada Daud, sehingga Yonatan memberitahukan kepada Daud: "Ayahku Saul berikhtiar untuk membunuh engkau; oleh sebab itu, hati-hatilah besok pagi, duduklah di suatu tempat perlindungan dan bersembunyilah di sana" (1 Samuel 19:1b, 2).

Yonatan berkata kepada Daud: "Apa pun kehendak hatimu, aku akan melakukannya bagimu."

Janganlah nama Yonatan terhapus dari keturunan Daud, melainkan kiranya TUHAN menuntut balas daripada musuh-musuh Daud.

Dan Yonatan menyuruh Daud sekali lagi bersumpah demi kasihnya kepadanya, sebab ia mengasihi Daud seperti dirinya sendiri (1 Samuel 20:4, 16, 17).

Penerapannya dalam Perjanjian Baru

Yesus adalah Seorang Hamba

Dan barangsiapa ingin menjadi terkemuka di antara kamu, hendaklah ia menjadi hambamu; sama seperti Anak Manusia datang bukan untuk dilayani, melainkan untuk melayani dan untuk memberikan nyawa-Nya menjadi tebusan bagi banyak orang (Matius 20:27-28).

Paulus adalah Seorang Hamba

Sebab bukan diri kami yang kami beritakan, tetapi Yesus Kristus sebagai Tuhan, dan diri kami sebagai hambamu karena kehendak Yesus (2 Korintus 4:5).

7

Orang Perjanjian Bersikap Akrab dan Bersemangat

Tidak ada yang menyimpang atau aneh mengenai hubungan Daud dan Yonatan. Apa yang terjadi dengan mereka itu adikodrati sifatnya. Tuhan memadukan jiwa mereka demi rancangan Kerajaan yang lebih besar. Tuhan memadukan orang percaya dengan orang percaya, pada tingkat keakraban dan gairah semangat yang tak dapat dipahami oleh orang-orang yang jiwanya terhilang. Ini bukanlah perasaan kasih sayang yang tidak alami. Ini adalah hubungan adikodrati. Semua ini menyangkut rancangan, bukan kedagingan.

Pola berpikir budaya Barat telah memprogram bahwa gairah semangat dan keakraban hanya dapat diraih dengan cara lahiriah yang sensual. Inilah alasan yang tepat mengapa orang Amerika jarang mendapat kepuasan dari hubungan mereka dengan sahabat ataupun rekannya. Hal seperti ini mungkin terjadi. Namun, Tuhan telah menetapkan bahwa setiap pria punya satu pria lain yang akan menjadi saudara perjanjiannya. Setiap wanita punya seorang wanita lain yang akan menjadi saudari perjanjian. Ini hanya dapat dibina melalui Roh Kudus yang menghubungkan kita dengan saudara atau saudari yang tepat.

Orang perjanjian itu bersikap akrab dan bersemangat. Kata-kata ini tidak mengacu pada kepuasan secara lahiriah, melainkan pada segi rohani dan rancangan. Sudah disebutkan dengan tepat bahwa penyembahan ialah gairah semangat Tuhan. Kita mengungkapkan gairah semangat kita kepada Tuhan dengan tiga cara: penyembahan kita kepada Dia, pelayanan kita kepada-Nya, dan hubungan kita dengan sesama. Yesus berkata, "Aku berkata kepadamu, sesungguhnya segala sesuatu yang kamu lakukan untuk salah seorang dari saudara-Ku yang paling hina ini, kamu telah melakukannya untuk Aku" (Matius 25:40).

Yonatan dan Daud tidak dapat dipisahkan oleh tujuan yang lebih luas. Mereka *akrab dan bersemangat* karena Tuhan telah membuat mereka saling melayani. Hubungan mereka tidak membuat hubungan mereka dengan orang lain putus. Apa yang membuatnya berbeda adalah campur tangan Tuhan dalam memadukan jiwa Daud dengan jiwa Yonatan.

---oo---

Hubungan perjanjian bukanlah persahabatan. Menjadi seorang sahabat tidak berarti Anda memiliki perjanjian. Anda memilih sahabat-sahabat Anda sendiri, tetapi Tuhan menetapkan perjanjian Anda berdasarkan pilihan-Nya sendiri. Persahabatan silih berganti. Perjanjian berlangsung seumur hidup.

Daud menikah dengan Mikhal, saudara perempuan Yonatan dan anak Saul. Daud adalah pegawai Saul yang setia. Pegawai-pegawai dan tentara-tentara yang mengagumi Daud ada di sekelilingnya. Daud memiliki banyak sahabat, tetapi bahwa jiwanya dipadukan dengan jiwa Yonatan sudah ditetapkan bagi mereka berdua.

Daud memiliki perjanjian pernikahan yang riil dan terhormat. Ia tunduk kepada Saul dan ia punya tentara maupun pegawai, dan ini adalah perjanjian yang riil dan terhormat. Namun, Daud memerlukan perjanjian dengan orang setingkat sahabat, dan hal ini ia temukan dalam diri Yonatan.

Kamus New Webster's Dictionary mendefinisikan *gairah semangat* sebagai "emosi atau kesetiaan yang kuat." Daud dan Yonatan dipaksa untuk saling setia bahkan ketika mereka harus membuat pilihan di antara hubungan-hubungan yang alami. Hubungan-hubungan rohani harus selalu didahulukan. *Orang perjanjian memiliki semangat.*

Demikian juga yang dikatakan kamus Webster. Kata *intimate* didefinisikan sebagai "tersendiri; pribadi dan kenal dengan." Apa yang dialami dua orang perjanjian ini bersifat tersendiri dan pribadi; keduanya saling mengenal. Yang satu memerlukan yang lain sehingga mereka dapat saling berbagi masalah-masalah yang tersendiri dan pribadi sifatnya — seseorang yang mengenal maksud dan tujuan hidup mitranya. Jangan coba-coba memilih orang tersebut dengan upaya sendiri. Biarkan Tuhan menghubungkan dia dengan Anda. *Orang perjanjian menunjukkan sikap yang akrab.*

Sejak mereka mengikat perjanjian, Yonatan dan Daud tidak pernah saling menyembunyikan apa pun. Mereka telah mengawali hubungan itu dengan saling bersikap terbuka dan saling bertukar pakaian. Kemudian diketahui oleh Yonatan bahwa Saul akan membunuh Daud. Daud sedang menunggu di sebuah tempat rahasia di padang untuk mendengarkan pesan dari Yonatan. Yonatan tahu ia tidak dapat menyembunyikan berita ini dari Daud. Tetapi, jika ia mengutarakan kepadanya, mereka tidak akan pernah saling melihat lagi. Anak Saul ini menjadi sedih dan marah.

Apa yang terpancar dari wajah Yonatan menegaskan apa yang sudah diketahui Daud di dalam hatinya. Keduanya mulai menangis sambil berpelukan dan saling menyapa satu sama lain dengan "cium kudus" (lihat Roma 16:16; 1 Tesalonika 5:26). Dalam hati mereka, cium ini terasa seperti cium pengkhianatan, namun keduanya tahu bahwa komitmen mereka satu kepada yang lain itu dapat dijamin. Hati mereka begitu pilu dan menjadi emosional sehingga mereka sujud dengan muka ke tanah. Sementara mereka tertelungkup sambil menangis dan saling berpegangan tangan, Daud bertanya-tanya dengan suara nyaring, "Mengapa Saul begitu membenci aku?" Yonatan berusaha membesarkan hati Daud, tetapi ia sendiri membutuhkan dorongan semangat. Ketika mereka tidak dapat menangis lagi, mereka memperkuat perjanjian mereka sekali lagi (lihat 1 Samuel 20:41-42).

> *Kemudian berkatalah Yonatan kepada Daud: "Pergilah dengan selamat; bukankah kita berdua telah bersumpah demi nama TUHAN, demikian: TUHAN akan ada di antara aku dan engkau serta di antara keturunanku dan keturunanmu sampai selamanya* (1 Samuel 20:42).

Sementara hari itu mereka saling menjauh, mereka tahu bahwa itu bukanlah saatnya untuk berpisah selamanya. Seakan-akan kepedihan tidak akan berakhir. Mereka mengingat setiap pengalaman hidup dan perjanjian yang akrab, gairah semangat yang mereka rasakan dan bagikan menyangkut rancangan Tuhan untuk hidup mereka. Saul tidak dapat membatalkan perjanjian mereka. Perjanjian itu terlalu sarat dengan kenangan *yang akrab dan menimbulkan gairah semangat.* Apa yang mereka rasakan bukanlah hal yang biasa bagi orang-orang perjanjian.

Pelanggar perjanjian selalu merasa dengki terhadap pemelihara perjanjian. Mereka senantiasa berusaha menghancurkan hubungan yang saleh. Saul selalu berusaha menghancurkan Daud dan memisahkan dia dari Yonatan, tetapi Tuhan telah membuat ikatan perjanjian di antara mereka. Tidak ada yang sanggup menghancurkan perjanjian ini, kematian pun tidak. Dibutuhkan kematian seekor domba untuk mengawali perjanjian tersebut, sehingga kematian seorang manusia tidak dapat menihilkannya. Hubungan yang *akrab dan bersemangat* tidak akan pernah gagal.

Daud pun mengatakan tentang kematian Yonatan demikian, "Merasa susah aku karena engkau, saudaraku Yonatan, engkau sangat ramah kepadaku; bagiku cintamu lebih ajaib daripada cinta perempuan" (2 Samuel 1:26).

Jangan biarkan pola berpikir budaya Barat atau kekristenan masa kini merampas makna hubungan perjanjian sejati yang Anda miliki. Hedonistik, suatu pola berpikir Barat, berbunyi demikian: jika tidak lagi terasa enak, campakkan saja. Akibatnya, mudah untuk mencampakkan pernikahan, pekerjaan, gereja dan hubungan perjanjian Anda. Allah Bapa melebihi dunia barat maupun kekristenan modern berteknologi tinggi.

Kita masing-masing ditakdirkan untuk membina hubungan dengan seorang saudara atau seorang saudari perjanjian. Dalam Wahyu 1:9, Yohanes mengacu dirinya sendiri sebagai "saudara dan sekutumu dalam kesusahan." Kedua kata ini, *saudara* dan *sekutu,* dengan sempurnanya menggambarkan hubungan Daud dan Yonatan.

Kata *saudara* yang digunakan dalam Wahyu 1 berasal dari kata (Yunani) *adelphos,* yang berarti "saudara sekandung."[1] Ini berasal dari kata (Yunani) *Alpha.* Yohanes berkata, "Aku adalah saudara sekandungmu sejak awal, dari kandungan fajar" (bandingkan dengan Mazmur 110:3). Saudara perjanjian adalah saudara dan saudari sekandung kita. Kita dikandung untuk tujuan yang sama dari kandungan yang sama. Frase "sejak awal" menjelaskan bahwa hubungan-hubungan ini sudah digariskan terlebih dahulu sejak dunia dijadikan.

Kata *sekutu* memberikan sebuah dimensi lain yang sama.[2] Artinya, "peserta atau bergabung dengan; secara harfiah, diikatkan ke pinggul." Kita tidak hanya dilahirkan untuk tujuan yang sama dan dari kandungan yang sama, tetapi kita juga dihubungkan ke tulang pinggul.

Saudara menunjukkan hubungan kekeluargaan yang menjadi bagian hubungan yang penuh semangat. *Sekutu* menentukan koneksi adikodrati yang menjadi bagian hubungan yang akrab. *Orang perjanjian bersikap akrab dan bersemangat.*

---oo---

Daud telah menemukan bentuk perjanjian ini dalam diri Yonatan, demikian juga sebaliknya. Persekutuan mereka terbukti nyata pada waktu mereka mengalami kesukaran. "Seorang sahabat menaruh kasih setiap waktu, dan menjadi seorang saudara dalam kesukaran" (Amsal 17:17).

Hubungan sejati bertahan tatkala diuji oleh kesukaran dan tekanan. Bentuk perjanjian ini berasal dari Tuhan. Setiap orang memerlukan sebuah hubungan perjanjian yang *akrab dan bersemangat.* Hubungan Daud dan Yonatan menjadi seperti saudara sekandung, bersatu di dalam kesukaran.

Apakah Anda dihubungkan dengan seseorang pada tulang pinggulnya? Sudahkah Anda menemukan saudara atau saudari perjanjian? Jika tidak, tunggulah. Keinginan Anda akan menciptakan kesempatan bagi Anda. Jangan coba-coba mendapatkannya dengan upaya sendiri. Tunggulah Tuhan membawa dia kepada Anda, memadukan jiwa Anda dengan jiwanya. Tuhan akan memberkati hidup Anda sementara Anda belajar untuk mengalami sebuah tahapan baru dalam *perjanjian yang akrab dan bersemangat.*

Catatan

1. James Strong, *Strong's Exhaustive Concordance of the Bible* (Peabody, MA: Hendrickson Publishing, tanpa tahun), **adelphos,** #80.
2. *Strong's,* #4791/4862/2844.

Ayat-ayat Perjanjian dalam Perjanjian Lama

Perjanjian Menempa Kesetiaan Rohani yang Baru

Dan Yonatan menyuruh Daud sekali lagi bersumpah demi kasihnya kepadanya, sebab ia mengasihi Daud seperti dirinya sendiri.

Lalu bangkitlah amarah Saul kepada Yonatan, katanya kepadanya: "Anak sundal yang kurang ajar! Bukankah aku tahu, bahwa engkau telah memilih pihak anak Isai dan itu noda bagi kau sendiri dan bagi perut ibumu?"

Lalu Saul melemparkan tombaknya kepada Yonatan untuk membunuhnya. Maka tahulah Yonatan, bahwa ayahnya telah mengambil keputusan untuk membunuh Daud.

Maka pulanglah budak itu, lalu tampillah Daud dari sebelah bukit batu; ia sujud dengan mukanya ke tanah dan menyembah tiga kali. Mereka bercium-ciuman dan bertangis-tangisan. Akhirnya Daud dapat menahan diri.

Kemudian berkatalah Yonatan kepada Daud: "Pergilah dengan selamat; bukankah kita berdua telah bersumpah demi nama TUHAN, *demikian:* TUHAN *akan ada di antara aku dan engkau serta di antara keturunanku dan keturunanmu sampai selamanya"* (1 Samuel 20:17, 30, 33, 41, 42).

Penerapannya dalam Perjanjian Baru

Yesus Bersikap Akrab dan Bersemangat

Jawab Yesus: "Jika seorang mengasihi Aku, ia akan menuruti firman-Ku dan Bapa-Ku akan mengasihi dia dan Kami akan datang kepadanya dan diam bersama-sama dengan dia" (Yohanes 14:23).

Lihat, Aku berdiri di muka pintu dan mengetuk; jikalau ada orang yang mendengar suara-Ku dan membukakan pintu, Aku akan masuk mendapatkannya dan Aku makan bersama-sama dengan dia, dan ia bersama-sama dengan Aku (Wahyu 3:20).

Paulus Bersikap Akrab dan Bersemangat

Demikianlah kami, dalam kasih sayang yang besar akan kamu, bukan saja rela membagi Injil Allah dengan kamu, tetapi juga hidup kami sendiri dengan kamu, karena kamu telah kami kasihi (1 Tesalonika 2:8).

8

Orang Perjanjian akan Membaur dengan Orang-orang Buangan

Daud sudah menjauhi Yonatan tanpa membawa apa-apa kecuali kenangan. Ia tidak dapat kembali untuk mengambil barang-barangnya, karena Saul pasti akan membunuhnya. Daud memulai segala sesuatunya dari awal, tetapi masih terasa segar dalam ingatan ketika ia hanyalah seorang penjaga domba yang sederhana. Ia telah membunuh singa dan beruang. Ia telah menyembelih pendekar Filistin dan puluhan ribu orang Filistin bagi Saul. Kini, Saul ingin membunuh dia. Daud tidak lagi merasa seperti seorang pembunuh raksasa. Ia kini, bahkan, tidak punya senjata.

Takut jiwanya terancam, Daud lari kepada imam Ahimelekh untuk mendapatkan makanan dan, mudah-mudahan, sebuah senjata. Setibanya di sana, makanan tidak didapatinya. Hanya roti kudus saja (lihat 1 Samuel 21:1-6). Ia meminta lima roti dan menerima roti kudus. Kelima roti melambangkan lima pelayanan jabatan (lihat Efesus 4:11) atau kasih karunia yang akan Daud terima.

Hendaknya kita tidak berusaha mendapatkan bantuan dari lima pelayanan jabatan, melainkan dari perjamuan kudus dengan Tuhan dan orang-orang kudus-Nya. Dengan memberi Daud roti perjamuan, Imam itu sedang mengingatkan Daud pada perjanjian. Perjamuan kudus merupakan perjanjian Jemaat dan harus diselenggarakan sebagaimana yang sudah ditetapkan (lihat 1 Korintus 11:23-30).

Kendati Daud adalah orang perjanjian, ia menjadi panik dan mulai mengandalkan kekuatan manusia. Ia minta diberi senjata yang mungkin ada di dalam bait suci. Ahimelekh bingung melihat sikap Daud yang tiba-tiba bergantung pada senjata manusia. Sering kali, ketika merasa takut, kita kembali ke wilayah kedagingan yang nyaman. Pasti, orang perjanjian ini tahu bahwa "karena senjata kami dalam perjuangan bukanlah senjata duniawi, melainkan senjata yang diperlengkapi dengan kuasa Allah, yang sanggup untuk meruntuhkan benteng-benteng" (2 Korintus 10:4). Untuk mengingatkan Daud akan perjanjiannya dengan Tuhan, imam itu berkata, "Kemudian berkatalah imam itu: 'Pedang Goliat, orang Filistin, yang kaupukul kalah di Lembah Tarbantin, itulah yang ada di sini, terbungkus dalam kain di belakang efod itu. Jika engkau hendak mengambilnya, ambillah; yang lain tidak ada, hanya ini.' Kata Daud: 'Tidak ada yang seperti itu; berikanlah itu kepadaku'" (1 Samuel 21:9).

Ahimelekh mengarahkan Daud untuk melihat efod dan pedang Goliat di belakangnya. Gambaran yang bersifat nubuat ini menunjukkan bahwa kemenangan-kemenangan kita selalu berada di balik jubah keimaman kita, bukan seragam prajurit yang kita kenakan. Senjata kita yang paling kuat masih tetap efod keimaman kita, yaitu pujian dan penyembahan. Satu-satunya senjata yang Daud miliki ialah senjata masa lalu yang ia ambil dari pendekar Filistin. Orang perjanjian harus mengenang kemenangan masa lalunya. Situasi yang Anda hadapi sekarang tidak akan ditanggulangi di masa depan, karena sudah ditanggulangi di masa lalu.

Hanya dengan pujian, penyembahan dan pedang Goliat sebagai perlengkapan senjata, Daud lari ke gua Adulam. Memulai dari awal tidak pernah mudah, tetapi sering kali kondisi ini berasal dari Tuhan. Orang perjanjian mengalami banyak perubahan.

Kabar tersiar bahwa Daud telah tiba di gua, dan orang-orang mulai mendekat kepadanya. Daud bertanya-tanya apakah hidupnya akan berakhir pada saat itu, tetapi orang perjanjian tidak dapat bersembunyi dan kemudian mati. Tujuan mereka lebih penting daripada kematian.

Menurut Daud, yang ia perlukan dalam pelayanannya pada saat itu ialah bergabung dengan orang-orang baru itu. Ia kehilangan Yonatan, saudara perjanjiannya. Ia senantiasa berada dalam bahaya karena Saul ingin membunuh dia. Ia telah meninggalkan segala sesuatu dan sedang dalam proses untuk memulai segala sesuatu dari awal. Ia tidak punya harta, gelar ataupun jabatan. Ia merasa depresi. Namun, perjanjian lebih kuat daripada kondisi-kondisi seperti ini.

Daud tidak merasa yakin bahwa ia memerlukan orang-orang yang telah Tuhan utus itu untuk berjalan bersamanya. "Berhimpunlah juga kepadanya setiap orang yang dalam kesukaran, setiap orang yang dikejar-kejar tukang piutang, setiap orang yang sakit hati, maka ia menjadi pemimpin mereka. Bersama-sama dengan dia ada kira-kira empat ratus orang" (1 Samuel 22:2).

---oo---

Daud memimpin kira-kira 400 orang yang dalam kesukaran, *orang-orang buangan.* Namun dalam lubuk hatinya, ia masih tetap seorang gembala domba. Ia terbiasa bergaul dengan domba-domba malang yang tidak berdaya. Memang, pekerjaan sebagai penolong domba telah membuatnya punya alasan untuk hidup dalam masa lalu. Kali ini tidak berbeda. Ia bersedia *membaur dengan mereka.* Bagaimanapun juga, bukankah tidak ada yang merugikan dia?

Menderita, dikejar-kejar tukang piutang dan *sakit hati* adalah kata-kata yang menggambarkan jemaat baru tersebut, belum lagi gembala sidangnya sendiri! Orang-orang ini adalah orang-orang buangan. Daud mengerti bahwa *orang perjanjian selalu membaur dengan orang-orang buangan.* Daud pernah menjadi orang buangan dan kembali menjadi orang buangan.

Jangan putus asa jika Anda adalah pria atau wanita perjanjian. Anda mungkin berada pada tahapan di mana Anda harus mengawali hidup Anda kembali. Orang-orang yang menderita, dikejar-kejar tukang piutang dan sakit hati mungkin mengelilingi Anda, namun Anda tetap seorang pembunuh raksasa. Anda membunuh Goliat tanpa sebuah pedang. Anda pasti dapat memenangkan pertempuran ini dengan pedang Goliat. Terakhir kalinya Anda menghadapi seorang musuh yang lebih besar dari hidup Anda, Anda tidak punya pedang. Kali ini Anda menghadapi lawan yang lebih canggih — depresi Anda sendiri — dan Anda punya sebuah pedang raksasa. Anda masih tetap seorang gembala, dan Anda masih tetap seorang pembunuh raksasa.

Sementara Daud merenungkan apa yang harus dilakukan dengan orang-orang buangan tersebut, Nabi Gad datang untuk menolongnya. Di saat-saat Anda sangat menderita, dikejar-kejar tukang piutang dan sakit hati, Tuhan akan memberikan sebuah pesan nubuat yang murni kepada Anda. Pesan ini akan selalu menyuruh Anda untuk terus maju dan mendorong Anda untuk melaksanakan apa yang mustahil. Sebuah pesan yang murni dari Tuhan akan selalu lebih besar ketimbang kemampuan Anda sekarang. Jika Anda punya kemampuan untuk menggenapi pesan itu dengan upaya sendiri, Anda tidak akan memerlukan iman.

> *Tetapi Gad, nabi itu, berkata kepada Daud: "Janganlah tinggal di kubu gunung itu, pergilah dan pulanglah ke tanah Yehuda." Lalu pergilah Daud dan masuk ke hutan Keret* (1 Samuel 22:5).

Nama Gad berarti "sebuah pasukan yang besar."[1] Bukan kebetulan bahwa ketika Daud dikelilingi oleh sekelompok *orang-orang buangan*, Tuhan mengutus seorang nabi dengan nama yang artinya seperti itu. Tuhan membuat Daud *lebur di dalam lingkungan orang-orang buangan* sampai mereka menjadi sebuah pasukan yang besar. Untuk melaksanakan hal ini, Gad berkata, "Daud, jangan tinggal di kubu gunung itu, tetapi engkau harus pergi ke Yehuda." Kubu gunung ialah tempat yang penuh "depresi" dan "keputusasaan". Yehuda ialah tempat "ucapan syukur". Untuk mengubah *orang-orang buangan itu menjadi sebuah pasukan yang besar*, ia harus melupakan keadaan sekitarnya dan memasuki sebuah tempat yang penuh ucapan syukur!

Jika kita tinggal di sebuah lingkungan tertutup sambil mengamati diri kita, betapa tertekannya kita, betapa banyaknya utang kita dan betapa tidak puasnya kita — termasuk kondisi kawanan domba kita — kita tidak akan menjadi pasukan yang besar. *Berikan* sejumlah "Yehuda", sejumlah ucapan syukur, *ke dalam lingkungan orang-orang buangan* yang Tuhan tempatkan di dalam hidup Anda, dan kemudian perhatikanlah terjadinya perubahan yang besar. Ucapan syukur selalu membuahkan hasil yang lebih besar daripada kecemasan.

Daud mulai *melebur di dalam diri orang-orang buangan*. Ia membawa mereka ke Yehuda sebagaimana yang diperintahkan. Sementara itu, Saul menyembelih seluruh imam di rumah Ahimelekh karena mereka telah menolong Daud. Salah satu anak Ahimelekh, yang bernama Abyatar, meloloskan diri dan mendatangi Daud di Yehuda (lihat 1 Samuel 22:18-23).

Nama *Abyatar* berarti "berkelimpahan atau bapa yang memiliki banyak"[2] Daud cukup setia dengan tinggal di Yehuda dan *lebur dalam diri orang-orang buangan* yang telah diberikan kepadanya. Lalu Tuhan mengutus seorang laki-laki yang namanya berarti berkelimpahan atau bapa yang memiliki banyak. Jika Anda sanggup untuk setia dengan perkara-perkara kecil dan senantiasa mengucap syukur, Tuhan akan banyak memberi Anda atau memberi dengan kelimpahan. Orang-orang yang canggung ini menjadi sebuah pasukan.

Betapa menyedihkannya gambaran ini! Saul telah membasmi seluruh jajaran imam yang berdiri di belakangnya, dan satu-satunya yang bertahan telah melarikan diri dan mendatangi Daud di Yehuda. Pelayanan harus terus maju atau mati akibat sistem agamawi yang menolak perubahan waktu. Kini sudah bukan lagi waktunya manusia. Kita sekarang berada di dalam Waktu Tuhan. Kita harus pergi kepada Kekasih kita di sebuah tempat pujian yang baru. Daud berada di Yehuda. Abyatar datang dengan sebuah efod di tangannya (lihat 1 Samuel 23:6). Kita harus pergi kepada Kekasih kita dengan memegang pelayanan keimaman.

Kepemimpinan yang dimiliki Daud oleh karena perjanjian telah mengubah orang-orang buangan ini menjadi sebuah pasukan yang hebat. Mereka menyembelih orang-orang Filistin di Kehila dan menyelamatkan penduduk-penduduknya; pulang dari pertempuran, mereka membawa ternak dan persediaan makanan. Daud sudah mengawali hidupnya lagi dengan sekelompok orang buangan yang jumlahnya telah berkembang dari 400 menjadi 600 dalam waktu singkat (lihat 1 Samuel 23:13). Anda tidak dapat menghentikan kekuatan sebuah hati perjanjian.

---oo---

Saul menggebu-gebu ketika menjalankan kelicikannya, tetapi Daud menggebu-gebu dalam mengikuti rancangan Tuhan. Pemazmur yang paling cakap ini terus melayani sebagai imam dan gembala. Ia telah *berbaur dengan orang-orang buangan,* dan sekarang Tuhan menghadiahi dia dengan sepasukan tentara yang terampil. Setialah untuk berbaur dengan orang-orang yang tak diinginkan siapa pun, dan Tuhan akan setia untuk memberi Anda orang-orang yang diinginkan setiap orang! Tetapi, orang-orang yang diinginkan setiap orang akan menjadi orang-orang yang tak diinginkan siapa pun. Mereka telah diubahkan oleh kekuatan sebuah hati perjanjian.

Catatan

1. James Strong, *Strong's Exhaustive Concordance of the Bible* (Peabody, MA: Hendrickson Publishers, tanpa tahun), **Gad,** H1408.
2. *Strong's,* **Ebyathar,** H54.

Ayat-ayat Perjanjian dalam Perjanjian Lama

Memelihara Perjanjian Dapat Berarti Memulai dari Awal Kembali

Lalu Daud pergi dari sana dan melarikan diri ke gua Adulam. Ketika saudara-saudaranya dan seluruh keluarganya mendengar hal itu, pergilah mereka ke sana mendapatkan dia.

Berhimpunlah juga kepadanya setiap orang yang dalam kesukaran, setiap orang yang dikejar-kejar tukang piutang, setiap orang yang sakit hati, maka ia menjadi pemimpin mereka. Bersama-sama dengan dia ada kira-kira empat ratus orang (1 Samuel 22:1-2).

Penerapannya dalam Perjanjian Baru

Yesus Berbaur dengan Orang-orang Buangan

Tetapi apabila engkau mengadakan perjamuan, undanglah orang-orang miskin, orang-orang cacat, orang-orang lumpuh dan orang-orang buta (Lukas 14:13).

Paulus Berbaur dengan Orang-orang Buangan

Yaitu bahwa aku boleh menjadi pelayan Kristus Yesus bagi bangsa-bangsa bukan Yahudi dalam pelayanan pemberitaan Injil Allah, supaya bangsa-bangsa bukan Yahudi dapat diterima oleh Allah sebagai persembahan yang berkenan kepada-Nya, yang disucikan oleh Roh Kudus (Roma 15:16).

9

Orang Perjanjian akan Saling Melindungi dan Menguatkan

Daud telah mengawali pelayanannya dari nol lagi. Anggota jemaatnya hanyalah tujuh ratus orang, dan terdiri atas orang-orang yang dalam kesukaran, dikejar-kejar tukang piutang dan sakit hati. Saul telah membunuh Ahimelekh termasuk semua imam di istananya yang telah melayani Daud dengan roti perjamuan dan mengembalikan pedang Goliat kepadanya. Tetapi, Daud yang adalah orang perjanjian menolak untuk membalas dendam, memerangi Saul ataupun mempermalukan dia dengan cara apa pun.

Saul terus mencari Daud. Orang pilihan Tuhan itu bersembunyi dengan pasukan barunya, yaitu orang-orang yang dalam kesukaran di pegunungan di padang gurun Zif. Saul mencari Daud setiap hari, tetapi Tuhan tidak menyerahkan Daud ke tangan Saul (lihat 1 Samuel 23:14).

---oo---

Zif berarti "mengalir,[1] atau melembut di bawah sinar matahari." Ketika musuh-musuh jiwa Anda keluar untuk membunuh Anda, Tuhan akan menyiapkan sebuah tempat, sebuah pegunungan di padang gurun. Ada sebuah "Zif" untuk kita masing-masing, sebuah tempat di mana hati kita melembut dalam hadirat Anak Domba dan kemudian siap untuk mengalir. Tanpa dicairkan terlebih dahulu, tidak akan ada aliran. Api yang menghasilkan aliran yang sama dalam diri Anda akan lebih dahulu melembut dan mencair sebelum Ia dapat membentuk Anda.

Perempuan itu lari ke padang gurun, di mana telah disediakan suatu tempat baginya oleh Allah, supaya ia dipelihara di situ seribu dua ratus enam puluh hari lamanya (Wahyu 12:6).

Yesus, yang penuh dengan Roh Kudus, kembali dari sungai Yordan, lalu dibawa oleh Roh Kudus ke padang gurun (Lukas 4:1).

Yesus sendiri punya pengalaman padang gurun. Ia berada di padang gurun selama 40 hari. Jemaat Perjanjian Lama berada di padang gurun selama 40 tahun (lihat Kisah Para Rasul 7:38). Yang manakah yang Anda inginkan? Setiap orang percaya harus punya pengalaman padang gurun, tetapi ini tidak berarti bahwa Anda harus mengembara di sebuah padang gurun.

Tidak terkecuali dengan orang-orang percaya perjanjian. Bagi perempuan berselubungkan matahari, Jemaat yang disebutkan dalam Wahyu 12:6, disediakan sebuah tempat oleh Tuhan di padang gurun. Di sana, ketika naga mencari-cari dan berusaha membunuhnya, perempuan itu diberi makan. Bagi Daud disediakan sebuah tempat di padang gurun Zif ketika Saul berusaha menggoda dan membunuh dia. Perlindungan yang serupa tersedia bagi Anda dan saya di sana.

Daud kembali dari pertempuran di Kehila dalam keadaan lelah, ditambah upaya Saul yang gigih untuk menguntit dan membunuhnya. Hati Daud hancur melihat kebencian Saul terhadapnya yang telah menghilangkan nyawa imam-imam Tuhan. Sekalipun berada di tengah-tengah enam ratus orang, Daud merasa sendirian, tanpa perlindungan dan lemah. Daud telah tunduk sepenuhnya kepada Saul, dan sekarang pelindung rohaninya menginginkan dia mati. Ia merindukan Yonatan, namun bagaimana Yonatan dapat menemukan dia jika Saul dan semua pasukannya belum mampu menemukan dia? Tetapi, kekuatan sebuah hati perjanjian tidak akan pernah gagal.

Saul dan semua pasukannya tidak dapat menelusuri jejak Daud, kendati sudah mati-matian berusaha menemukan dan membunuh dia. Namun, Yonatan dengan mudahnya menjumpai Daud di padang gurun (lihat 1 Samuel 23:16). Orang perjanjian tahu di mana saudara perjanjiannya berada. Anda tidak dapat bersembunyi dari saudara perjanjian Anda. Ia akan tahu di mana Anda berada dan apa yang Anda rasakan ketika Anda menganggap tidak ada orang yang tahu maupun memperhatikan Anda.

Inilah saudara perjanjian sejati. Dalam perjanjian, Anda tidak pernah tidak terlindungi.

Yonatan pergi menemui Daud, *melindungi dan menguatkan dia.* Daud sudah berada di sana untuk Yonatan saat Yonatan membutuhkannya. Kini Yonatan membalas kebaikan itu. Perjanjian bukanlah siapa menguasai siapa, atau siapa tunduk kepada siapa. Perjanjian ialah saling menghormati, saling melindungi dan saling merendahkan diri (lihat Efesus 5:21).

Hubungan perjanjian antara Daud dan Yonatan bukanlah hubungan antara ayah dan anak. Perjanjian ini dibuat antara dua orang yang hubungannya seperti saudara kandung, sahabat di dalam kesukaran. Hubungan tersebut berada pada tingkat kesamaan, kesetaraan. Kita masing-masing ingin sekali dilindungi oleh seseorang yang lebih tinggi otoritasnya dari kita sebagai bapa atau mentor pelayanan. Tetapi, sama vitalnya bagi kita masing-masing untuk *saling melindungi dan menguatkan.*

Yonatan menemukan Daud ketika tak seorang pun berhasil menemukan dia. Yonatan datang bukan sekadar sebagai sahabat, melainkan sebagai saudara dan sekutu. "Maka bersiaplah Yonatan, anak Saul, lalu pergi kepada Daud di Koresa. Ia menguatkan kepercayaan Daud kepada Allah" (1 Samuel 23:16).

Ketika tak seorang pun tahu di mana kita berada dan apa yang kita rasakan, sekutu perjanjian kita akan menemukan kita dan mengenali perasaan kita. Namun, seharusnya kita juga belajar menelan keangkuhan kita dan membuat perasaan serta kebutuhan kita diketahui orang lain. Sering kali kita menunggu orang lain mengenali tempat persembunyian kita saat Tuhan sedang mencairkan kesombongan kita dan melembutkan hati kita agar kita mengakui bahwa kita saling membutuhkan. Orang perjanjian *saling melindungi dan menguatkan.*

Yonatan berjanji kepada Daud bahwa Saul tidak akan menemukan Daud, ia juga berkomitmen kepada Daud bahwa anak Isai penggembala domba itu akan menjadi raja Israel berikutnya (lihat 1 Samuel 23:17). Betapa dalamnya makna perjanjian ini! Anak Saul setia kepada orang lain yang menjadi raja, bukan dirinya sendiri. Lebih jauh ia menyatakan bahwa ia akan mendampingi Daud ketika ia memerintah. Itulah yang menyiksa Saul, yaitu perjanjian yang lebih kuat dari darah dagingnya sendiri.

Tubuh Daud menjadi lemah sepulangnya dari pertempuran yang tanpa henti, tetapi kebersamaan dengan saudara dan sekutu perjanjiannya *membuat dia kuat.* Ia tidak lagi merasa telanjang dan malu. Yonatan *melindungi dan menguatkan dia* ketika ia lemah.

Jika Anda lelah dan penat karena harus memerangi politik agamawi maupun kedagingan, ciptakanlah kebersamaan dengan siapa Anda mengikat perjanjian. Anda tidak hanya akan disegarkan, tetapi juga akan *dilindungi dan dikuatkan* untuk menghadapi pertempuran selanjutnya.

---oo---

Kedua sekutu perjanjian itu mengikat sebuah perjanjian baru di hadapan Tuhan. Daud tinggal di padang gurun, dan Yonatan kembali ke rumahnya. Kekuatan sebuah hati perjanjian tidak hanya menemukan sekutu perjanjian di padang gurun, tetapi juga tidak akan meninggalkan dia dalam kondisi seperti ketika dia ditemukan. Daud ditinggalkan dalam kondisi *dilindungi dan dikuatkan.*

Pastikan bahwa setiap orang perjanjian akhirnya menemukan dirinya berada di padang gurun Zif. Anda mungkin menganggap bahwa Tuhan telah membawa Anda ke sana agar Anda mati. Memang, itulah yang Ia lakukan! Ia membawa Anda ke padang gurun untuk mematikan kesombongan, hikmat serta kekuatan Anda yang terbatas agar Ia hadir melalui Anda. Ini bukan sasaran akhir hidup Anda. Ini semata-mata proses pelembutan sehingga Ia dapat mengalir keluar melalui Anda. Anda tidak akan diserahkan ke tangan Saul. Anda akan meninggalkan gunung di padang gurun dalam kondisi *dilindungi dan dikuatkan*!

Catatan

1. James Strong, *Strong's Exhaustive Concordance of the Bible* (Peabody, MA: Hendrickson Publishers, tanpa tahun), **Ziypt,** H2128.
2. *Strong's,* **Zepheth,** H2203.

Ayat-ayat Perjanjian dalam Perjanjian Lama

Memelihara Perjanjian Melibatkan Pengalaman di Padang Gurun

Maka Daud tinggal di padang gurun, di tempat-tempat perlindungan. Ia tinggal di pegunungan, di padang gurun Zif. Dan selama waktu itu Saul mencari dia, tetapi Allah tidak menyerahkan dia ke dalam tangannya.

Daud takut, karena Saul telah keluar dengan maksud mencabut nyawanya. Ketika Daud ada di padang gurun Zif di Koresa (1 Samuel 23:14-15).

Orang Perjanjian Menerima Kekuatan di Padang Gurun

Maka bersiaplah Yonatan, anak Saul, lalu pergi kepada Daud di Koresa. Ia menguatkan kepercayaan Daud kepada Allah.

Dan berkata kepadanya: "Janganlah takut, sebab tangan ayahku Saul tidak akan menangkap engkau; engkau akan menjadi raja atas Israel, dan aku akan menjadi orang kedua di bawahmu. Juga ayahku Saul telah mengetahui yang demikian itu."

Kemudian kedua orang itu mengikat perjanjian di hadapan TUHAN. Dan Daud tinggal di Koresa, tetapi Yonatan pulang ke rumahnya (1 Samuel 23:16-18).

Penerapannya dalam Perjanjian Baru

Yesus Menguatkan Petrus dan Menyuruh Dia Menguatkan yang Lain

Simon, Simon, lihat, iblis telah menuntut untuk menampi kamu seperti gandum, tetapi Aku telah berdoa untuk engkau, supaya imanmu jangan gugur. Dan engkau, jikalau engkau sudah insaf, kuatkanlah saudara-saudaramu (Lukas 22:31-32).

Paulus Mengajarkan bahwa Kita Harus Saling Menguatkan

Saudara-saudara, kalaupun seorang kedapatan melakukan suatu pelanggaran, maka kamu yang rohani, harus memimpin orang itu ke jalan yang benar dalam roh lemah lembut, sambil menjaga dirimu sendiri, supaya kamu juga jangan kena pencobaan (Galatia 6:1).

10

Orang Perjanjian Tidak akan Pernah Mengkhianati Mereka yang Lebih Berotoritas di dalam Tuhan

Kemarahan menggelegak dalam hati Saul. Ia ingin saingannya yang masih muda itu mati, maka ia mengejar Daud ke mana pun Daud pergi. Dalam setiap geraknya maupun gerak pasukannya yang tidak rapi itu, Daud merasa yakin bahwa Saul sedang mengikuti setiap gerak mereka guna menghilangkan nyawanya.

Saul sudah mengumpulkan ribuan orang untuk menolongnya menguntit Daud. Daud berdiam di suatu tempat di gunung di padang gurun Engedi, dan Saul pun pergi ke sana.

Daud dan orang-orangnya tinggal di sebuah gua besar di Engedi. Tuhan yang berdaulat itu juga punya humor. Ketika mengejar Daud, Saul masuk ke sebuah gua saat ia harus membuang hajat, padahal di balik gua itu bersembunyi Daud beserta orang-orangnya (lihat 1 Samuel 24:4). Sementara Saul menanggalkan pakaiannya, orang-orang Daud mendorong dia untuk membunuh Saul karena kondisinya sangat memungkinkan.

Tak pernah terpikir oleh Daud untuk menyakiti Saul. Tak pernah terlintas dalam pikirannya untuk membicarakan kejahatan Saul. Daud adalah orang perjanjian. *Orang perjanjian tidak pernah mengkhianati mereka yang lebih berotoritas di dalam Tuhan.*

---oo---

Saul telah berdusta kepada Daud berulang kali. Ia telah melemparkan tombak ke arah Daud lebih dari sekali. Ia telah menghancurkan nama dan reputasinya. Ia telah meracun istrinya [Daud] sebagai tanda permusuhan. Ia memobilisasi sebuah pasukan untuk menguntit Daud bak seekor binatang buas yang layak dibunuh. Namun, Daud *tidak dapat mengkhianati orang yang lebih berotoritas di dalam Tuhan.*

Bagaimana mungkin Daud masih menganggap Saul sebagai orang yang diurapi setelah semua kejadian itu? Kekuatan sebuah hati perjanjian tidak hanya mengampuni, namun juga membuat Daud beranggapan bahwa Saul tidak seburuk itu. Seandainya bukan untuk mengampuni Saul, Daud mungkin akan menjadi Saul sendiri. "Saul" yang ada di dalam diri Daud harus mati juga. Rakyat tidak memerlukan orang yang kurang waras untuk duduk di atas takhta. Pelecehan dan pengkhianatan Saul telah membuat Daud orang perjanjian.

Karena merasa lemah dan atas dorongan orang-orangnya sendiri, Daud menyelinap di belakang Saul dan diam-diam ia memotong punca jubah Saul (lihat 1 Samuel 24:5). Sementara orang-orang Daud bersiap-siap akan membantai Saul, hati perjanjian di dalam diri Daud menempelak dia mengenai tindakannya. Daud menyesal bahwa ia sudah berencana akan melukai raja itu (lihat 1 Samuel 24:6).

> *Lalu berkatalah ia kepada orang-orangnya: "Dijauhkan TUHANlah kiranya dari padaku untuk melakukan hal yang demikian kepada tuanku, kepada orang yang diurapi TUHAN, yakni menjamah dia, sebab dialah orang yang diurapi TUHAN"* (1 Samuel 24:7).

Yang mengagumkan, Daud masih memandang Saul sebagai tuannya dan orang yang diurapi Tuhan. Banyak orang tidak pernah memahami kekuatan sebuah hati perjanjian sebelum mereka memahami betapa Tuhan menghormati otoritas. *Perjanjian tidak akan pernah mengizinkan Anda mengkhianati mereka yang mempunyai otoritas.*

> *Tiap-tiap orang harus takluk kepada pemerintah yang di atasnya, sebab tidak ada pemerintah, yang tidak berasal dari Allah; dan pemerintah-pemerintah yang ada, ditetapkan oleh Allah* (Roma 13:1).

Bahkan para pemimpin di dunia sekuler pun adalah pelayan-pelayan Tuhan yang ditentukan untuk kepentingan kita. Jika kita menolak mereka, kita menolak ketetapan Tuhan. Dalam Roma 9:16-18 Paulus menyatakan bahwa Tuhan membangkitkan Firaun untuk memperlihatkan kuasa-Nya di dalam dia, dan supaya nama-Nya dimasyhurkan di seluruh bumi, bahwa nama Tuhan mungkin dinyatakan di seluruh muka bumi. Jika Tuhan menghormati otoritas pemimpin sekuler, bahkan orang-orang yang jahat seperti Firaun dan Saul, seharusnya tidak sulit bagi kita untuk tunduk dan menghormati para pemimpin yang saleh (lihat Ibrani 13:7, 17).

Daud tidak pernah berusaha membenarkan perilaku salah akibat tindakan-tindakan Saul yang jahat. Perjanjian tidak memerangi api dengan api. Jika Tuhan menempatkan Anda dengan atau di bawah seseorang yang tidak sesuai dengan cita-cita Anda sebagai pemimpin yang sempurna, ketahuilah bahwa Tuhan sedang menggunakan dia untuk melakukan sesuatu di dalam diri Anda dan melalui Anda. Masalahnya ialah, "Apakah Tuhan memang menempatkan Anda dengan pemimpin ini?" "Apa yang telah dipersatukan Allah, tidak boleh diceraikan manusia" (Matius 19:6b). Alkitab New American Standard Version mengatakan, "Janganlah ada manusia yang berpisah."

Tuhan tidak hanya menghormati otoritas, Ia menghormati mereka yang menghormati otoritas. Orang perjanjian tidak menjelek-jelekkan mereka yang berotoritas, bahkan otoritas sekuler sekalipun. Anda boleh tidak sepaham, tetapi Anda harus mengatasi persoalan tanpa memfitnah yang berotoritas. Posisi ini harus dihormati sekalipun orang yang memegang posisi itu tidak layak dihormati. *Orang perjanjian tidak pernah tidak menghormati otoritas.*

Untuk menunjukkan sejauh mana Tuhan menghormati otoritas, perhatikan Yudas 9.

> *Tetapi penghulu malaikat, Mikhael, ketika dalam suatu perselisihan bertengkar dengan iblis mengenai mayat Musa, tidak berani menghakimi iblis itu dengan kata-kata hujatan, tetapi berkata: "Kiranya Tuhan menghardik engkau!"* (Yudas 1:9).

Jika Tuhan tidak mengizinkan Mikhael menghakimi iblis dengan kata-kata hujatan, Ia pasti tidak mengizinkan penghakiman yang serupa dilontarkan kepada pemimpin yang sudah dirancang, dipilih dan ditunjuk bagi Anda.

Sejumlah orang yang membaca kata-kata ini mungkin berpikir bahwa saya sedang mendukung pelecehan. Patut diingat, Anda tidak memilih pemimpin bagi Anda. Tuhanlah yang memberikannya. Saya tidak percaya bahwa kita punya hak untuk memilih gereja dan gembala — Tuhanlah yang menetapkan mereka (1 Korintus 12:18, 28). Pada umumnya pelecehan timbul karena seseorang berada di tempat yang salah di bawah kepemimpinan yang salah. Jika Anda berada di mana Tuhan menempatkan Anda dan di bawah orang yang lebih berotoritas dari Anda yang ditentukan oleh Tuhan sendiri, maka Tuhan akan menggunakan yang baik, yang buruk dan yang jelek untuk menjadikan seorang Daud dari diri Anda, bukannya seorang Saul. Ingatlah bahwa Tuhan menggunakan Saul untuk menolong pembentukan hati perjanjian Daud.

Sementara Saul mengangkat punca jubahnya dan bersiap-siap akan meninggalkan gua, ia tidak tahu bahwa bagian belakangnya terlihat. Setiap pemimpin punya bagian belakang, dan, jika Anda cukup lama berada di dekatnya, Anda pasti melihatnya. Ini bukan pertama kalinya Daud melihat bagian yang terburuk dari Saul, tetapi hati perjanjian di dalam diri Daud tidak mengizinkan siapa pun melihat kondisi Saul dalam keadaan yang sebenarnya.

> *Lalu berkatalah Daud kepada Saul: "Mengapa engkau mendengarkan perkataan orang-orang yang mengatakan: Sesungguhnya Daud mengikhtiarkan celakamu? Ketahuilah, pada hari ini matamu sendiri melihat, bahwa TUHAN sekarang menyerahkan engkau ke dalam tanganku dalam gua itu; ada orang yang telah menyuruh aku membunuh engkau, tetapi aku merasa sayang kepadamu karena pikirku: Aku tidak akan menjamah tuanku itu, sebab dialah orang yang diurapi TUHAN* (1 Samuel 24:10-11).

Daud meyakinkan Saul bahwa ia tidak berbuat dosa dengan melawan dia; ia juga tidak akan berbuat dosa dengan melawan dia. Saul menangis ketika Daud menyebut dia ayahnya. Para ayah tidak selalu berperilaku seperti ayah. Tuhan tidak selalu memberi kita apa yang kita inginkan, namun Dia memberi apa yang kita perlukan. Bukan Musa yang bertanggung jawab atas Israel yang menyeberangi Laut Teberau, tetapi Firaun. Bukan Isai yang bertanggung jawab atas Daud. Yang betul-betul membuat Daud menjadi luar biasa adalah Saul.

Katanya kepada Daud: "Engkau lebih benar daripada aku, sebab engkau telah melakukan yang baik kepadaku, padahal aku melakukan yang jahat kepadamu" (1 Samuel 24:18).

Kekuatan sebuah hati perjanjian dapat mencairkan hati seorang raja yang dengki. Saul mengakui bahwa Tuhan telah memberikan takhta itu kepada Daud, tetapi ia memaksa Daud bersumpah bahwa ia tidak akan menghilangkan keturunan atau namanya dari Israel. Daud adalah orang perjanjian. Ia *tidak akan pernah mengkhianati Saul ataupun keturunannya demi kepentingannya sendiri.* Daud tidak punya niat jahat terhadap Saul. Daud menghormati otoritas.

Tidak dibenarkan kepemimpinan yang suka melecehkan; demikian juga tidak dibenarkan pendurhakaan yang melawan otoritas. "Sebab pendurhakaan adalah sama seperti dosa bertenung" (1 Samuel 15:23a). *Orang perjanjian tidak akan pernah mengkhianati mereka yang lebih berotoritas di dalam Tuhan.*

Tetapi, kemarahan dan kemurkaan Saul segera timbul kembali, dan sekali lagi ia mengejar nyawa Daud. Sistem agamawi hanya dapat berjalan tulus sepanjang hidup manusia-manusianya bergantung padanya. Apabila kematian sudah tidak lagi menjadi ancaman, maka mereka kembali pada kebiasaan-kebiasaan, tradisi-tradisi dan metode-metode lama. Mereka terbelenggu pada khotbah yang keras untuk menyadarkan dosa. Teologi perjanjian yang penuh kasih karunia dan sarat dengan kebenaran tidak masuk akal bagi mereka.

Tuhan menguji anak-Nya kembali. Untuk kedua kalinya Daud diberi kesempatan untuk membunuh Saul. Saul dan orang-orangnya jatuh tertidur dan tidur pulas. Daud mengambil pedang Saul sementara Saul tidur dan kemudian ia membangunkan raja yang jahat itu untuk menunjukkan kepadanya sekali lagi bahwa ia tidak mau *mengkhianati orang yang lebih berotoritas di dalam Tuhan* (lihat 1 Samuel 26:7-25).

Pelajari rahasia perjanjian Daud. Keluhuran budinya dibuktikan oleh sikapnya terhadap musuh-musuhnya! Dengan ucapan kesaksiannya sendiri, ia menyatakan, "Kauberikan kepadaku perisai keselamatan-Mu, tangan kanan-Mu menyokong aku, kemurahan-Mu membuat aku besar" (Mazmur 18:36).

---oo---

Saul menjadi begitu sangat putus asa sehingga ia mencari bantuan dari seorang dukun di En-Dor untuk memanggil arwah Samuel (lihat 1 Samuel 28:5-25). Pemimpin yang sudah tua yang telah menolak pelayanan Roh Kudus itu kini bekerja sama dengan seorang dukun! Sistem agamawi yang bersifat kedagingan, demi mendapatkan apa yang dimiliki orang-orang perjanjian, mencari nasihat dari nabi palsu, peramal, dan penenung untuk membuat mereka bertahan hidup. Namun, tidak ada jawaban dari orang mati. Bahkan, roh tenung mengatakan kepada Saul bahwa Tuhan telah memilih Daud!

Dalam keadaan apa pun, Daud *tidak pernah mengkhianati Saul. Daud selalu memandang Saul sebagai orang yang diurapi Tuhan.* Daud tahu bahwa Tuhan akan berhubungan dengan Saul menurut waktu-Nya sendiri dan dengan cara-Nya sendiri (lihat 1 Samuel 26:10). Bukanlah tanggung jawab kita untuk mengoreksi mereka yang lebih berotoritas di dalam Tuhan. Kita hanya bertanggung jawab mengoreksi sikap-sikap kita terhadap mereka.

Ayat-ayat Perjanjian dalam Perjanjian Lama

Orang Perjanjian Menghormati Otoritas

Lalu berkatalah ia kepada orang-orangnya: "Dijauhkan TUHANlah kiranya dari padaku untuk melakukan hal yang demikian kepada tuanku, kepada orang yang diurapi TUHAN, yakni menjamah dia, sebab dialah orang yang diurapi TUHAN."

Lalu berkatalah Daud kepada Saul: "Mengapa engkau mendengarkan perkataan orang-orang yang mengatakan: Sesungguhnya Daud mengikhtiarkan celakamu?

Ketahuilah, pada hari ini matamu sendiri melihat, bahwa TUHAN sekarang menyerahkan engkau ke dalam tanganku dalam gua itu; ada orang yang telah menyuruh aku membunuh engkau, tetapi aku merasa sayang kepadamu karena pikirku: Aku tidak akan menjamah tuanku itu, sebab dialah orang yang diurapi TUHAN" (1 Samuel 24:7, 10-11).

Orang Perjanjian Membalas Kejahatan dengan Kebaikan

Katanya kepada Daud: "Engkau lebih benar daripada aku, sebab engkau telah melakukan yang baik kepadaku, padahal aku melakukan yang jahat kepadamu.

Telah kautunjukkan pada hari ini, betapa engkau telah melakukan yang baik kepadaku: walaupun TUHAN telah menyerahkan aku ke dalam tanganmu, engkau tidak membunuh aku" (1 Samuel 24:18-19).

Penerapannya dalam Perjanjian Baru

Yesus Tidak Pernah Mengkhianati Bapa-Nya

Maka kata Yesus: "Apabila kamu telah meninggikan Anak Manusia, barulah kamu tahu, bahwa Akulah Dia, dan bahwa Aku tidak berbuat apa-apa dari diri-Ku sendiri, tetapi Aku berbicara tentang hal-hal, sebagaimana diajarkan Bapa kepada-Ku" (Yohanes 8:28).

Paulus Mengajarkan bahwa Kita Harus Taat kepada Mereka yang Lebih Berotoritas di dalam Tuhan

Taatilah pemimpin-pemimpinmu dan tunduklah kepada mereka, sebab mereka berjaga-jaga atas jiwamu, sebagai orang-orang yang harus bertanggung jawab atasnya. Dengan jalan itu mereka akan melakukannya dengan gembira, bukan dengan keluh kesah, sebab hal itu tidak akan membawa keuntungan bagimu (Ibrani 13:17).

11
Orang Perjanjian akan Menguatkan Imannya kepada Tuhan

Kemenangan demi kemenangan sedang diraih pada setiap tahap kehidupan raja-gembala itu. Akhirnya, segala sesuatu terlihat "terbuka" bagi Daud. Pasukannya yang terdiri atas mantan orang-orang buangan telah terbukti menjadi pasukan yang diperhitungkan. Tuhan telah menyerahkan Saul ke dalam tangan Daud sebanyak dua kali, dan memberi dia kasih karunia untuk menyelamatkan nyawa musuhnya.

Namun, sementara pasukan Daud menuju wilayah aman di pangkalannya di Ziklag, mereka melihat dan mencium bau asap. Ketakutan mencekam hati mereka ketika mereka menemukan sesuatu yang dapat digambarkan sebagai mimpi buruk. Tatkala mereka tidak berada di kota, orang-orang Amalek menyerbu kota itu, membakarnya dan menjarah istri-istri serta anak-anak mereka. Pertanyaan yang pertama kali timbul dalam pikiran mereka ialah, "Bagaimana ini bisa terjadi?"

Orang perjanjian menghadapi tantangan yang sama. Sementara melakukan tugas dan pekerjaan mereka karena dipanggil dan dipilih, musuh-musuh mereka terkadang menyerang rumah, bisnis, gereja atau komunitas untuk mencari dan menjadikan kekasih-kekasih mereka sebagai budak. Patah semangat ialah sarana iblis yang kuat.

> *Lalu menangislah Daud dan rakyat yang bersama-sama dengan dia itu dengan nyaring, sampai mereka tidak kuat lagi menangis* (1 Samuel 30:4).

Orang perjanjian, sekalipun, punya saat-saat untuk menangis. Anda mungkin melihat bahwa setiap doa yang Anda naikkan untuk keluarga orang lain dijawab, sementara kondisi keluarga Anda sendiri terlihat makin buruk. Sepatah kata yang diucapkan di hadapan sebuah jemaat mungkin membuat perubahan serta pembaruan secara instan, padahal kerohanian jemaat Anda sendiri tampaknya merosot. Anda mungkin menyaksikan setiap bisnis orang lain berkembang baik sementara bisnis Anda sendiri sedang dililit utang. Persis ketika Daud berpikir bahwa kondisi tidak boleh memburuk, kondisi pun membaik.

> *Dan Daud sangat terjepit, karena rakyat mengatakan hendak melempari dia dengan batu. Seluruh rakyat itu telah pedih hati, masing-masing karena anaknya laki-laki dan perempuan. Tetapi Daud menguatkan kepercayaannya kepada TUHAN, Allahnya* (1 Samuel 30:6).

Dalam keadaan terjepit, Daud membuat keputusan untuk tidak patah semangat, melainkan *menguatkan kepercayaannya kepada Tuhan.*

---oo---

Pria ataupun wanita perjanjian memahami bahwa segala sesuatu yang mempunyai kekuatan untuk menggoyahkan kepercayaan mereka tidak berasal dari Tuhan. Melalui luka-luka serta pertempuran-pertempuran masa lalu Daud tahu bahwa saat-saat sulit tidak akan berlangsung selamanya, tetapi orang-orang yang tegar hati mampu dan akan bertahan dalam menghadapi ujian yang terberat. Ketika duduk di atas tumpukan abu dan batu-batu panas, Daud menyadari bahwa patah semangat itu adalah raksasa yang lebih besar dari Goliat. Namun, ia tahu sebuah fakta bahwa raksasa-raksasa itu memang mati. Sambil duduk di atas tumpukan abu itu, *Daud menguatkan imannya kepada Tuhan.*

Daud meminta Abyatar imam itu, anak Ahimelekh, untuk membawakan efod lenan. Adalah Abyatar yang melarikan diri ke dalam kemah ketika Daud terjepit dan dikelilingi oleh orang-orang yang terluka setelah Saul memberi amanat agar ia dibunuh. Daud kemudian belajar bahwa kuasa pujian akan mengubah kondisinya yang ditawan. Ia kembali mengenakan efod lenan itu, jubah pujian itu, untuk mengangkat rohnya yang berat (lihat Yesaya 61:3). Ia *menguatkan imannya kepada Tuhan.*

Keluarga Daud telah ditawan, rumah sementaranya telah habis dibakar, dan sekarang orang-orangnya sendiri sedang merancang akan melempari dia dengan batu. Daud meminta Abyatar membawa jubah pujian itu (lihat 1 Samuel 30:7). Ia ingin memuji dengan caranya sendiri agar keluar dari keputusasaan. Ada saat-saatnya ketika tak seorang pun membesarkan hati Anda dan Anda harus belajar *untuk menguatkan iman Anda kepada Tuhan.*

Diperhadapkan dengan sebegitu banyak kekecewaan seperti yang dihadapi Daud, sejumlah orang akan menyerah dengan putus asa atau menjadi terbelenggu oleh pencobaan yang dialami. Tanpa sebuah hati perjanjian, orang akan berhenti berusaha. Mereka segera mengasihani diri sendiri dan mulai menciptakan masalah sendiri. Tanpa sebuah hati perjanjian, orang meninggikan pencobaan berat. Jangan hambur-hamburkan kesedihan Anda untuk hal-hal yang tidak perlu. *Kuatkan iman Anda kepada Tuhan.*

Ketika Daud lolos dari kejaran Saul dalam keadaan tanpa makanan ataupun senjata, ia lari ke rumah imam. Di sana ia diberi efod lenan yang biasa digunakan imam dalam pelayanan, roti perjamuan, dan pedang Goliat. Sekali lagi, ia berlari, tetapi kali ini disebabkan kondisi yang terjepit, dan imam itu sekali lagi membawa efod lenan kepadanya. Kita harus belajar memuji Tuhan, bukan karena kita menyukainya, tetapi karena Ia adalah Tuhan. Lalu, kita mengalahkan setiap musuh yang bangkit melawan kita dari dalam atau dari luar. Kita harus belajar *menguatkan iman kita kepada Tuhan.*

Daud menyembah dan memuji dengan cara itu karena ia merasa putus asa. Orang-orangnya tidak dapat menolong, karena mereka terbelenggu oleh kondisi depresi yang membuat mereka tidak berdaya. Di luar tidak ada perubahan, tetapi sesuatu di dalam diri Daud telah berubah. Ia adalah orang perjanjian, dan ia tahu bahwa hal-hal yang terlihat hanya sementara, dan hal-hal yang tidak terlihat itu kekal (lihat 2 Korintus 4:18). Iman Daud menjadi kuat melalui kuasa pujian.

> *Kemudian bertanyalah Daud kepada TUHAN, katanya: "Haruskah aku mengejar gerombolan itu? Akan dapatkah mereka kususul?" Dan Ia berfirman kepadanya: "Kejarlah, sebab sesungguhnya, engkau akan dapat menyusul mereka dan melepaskan para tawanan"* (1 Samuel 30:8).

Anda tidak bisa lepas dari tawanan jika Anda tetap patah semangat.

Terlepas dari tawanan adalah sebuah frase yang menarik. Frase ini menyiratkan diperolehnya sesuatu yang sudah hilang dan dilindungi kembali. Dilindungi *kembali* ialah dibawa lagi dengan perlindungan. Inilah waktunya untuk mengembalikan kepada Anda apa yang telah dibakar, dihancurkan, atau dirampas oleh musuh Anda. Kunci vitalnya ialah, kembali dengan perlindungan yang telah Tuhan tempatkan bagi Anda.

Boleh saja Daud duduk di atas tumpukan abu di Ziklag, tetapi ia memiliki Sion yang mengusik-usik hati perjanjiannya. Ia siap untuk menyelamatkan keluarganya dan memulihkan kotanya. Apakah Anda siap untuk mengejar, merampas dan berhasil memperolehnya kembali? Kalau begitu, mulailah dari sekarang dengan *menguatkan iman Anda kepada Tuhan.*

Ketika dua ratus dari enam ratus orang bersama Daud menjadi terlalu lemah untuk melawan Amalek, Daud terus *menguatkan imannya kepada Tuhan.* Ia menemukan seorang pemuda Mesir, budak kepunyaan bangsa Amalek yang memimpin dia ke kemah musuh (lihat 1 Samuel 30:13-17). Daud dan empat ratus orangnya menyerang musuh dari pagi hingga petang. Daud menyelamatkan keluarganya dan membalas dendam terhadap orang Amalek itu.

> *Tidak ada yang hilang pada mereka, dari hal yang kecil sampai hal yang besar, sampai anak laki-laki dan anak perempuan, dan dari jarahan sampai segala sesuatu yang telah dirampas mereka; semuanya itu dibawa Daud kembali* (1 Samuel 30:19).

Jika Anda duduk di atas tumpukan abu, keluarga Anda ditawan, dan orang-orang yang Anda pikir ada di pihak Anda sedang merancang akan melempari Anda dengan batu sampai mati, jangan hanya duduk di sana sambil menyanyikan lagu-lagu sedih. Yesus yang berada di dalam Anda itu hidup dan baik. Kenakan jubah pujian. Anda akan segera mengejar, merampas dan berhasil memperoleh semuanya kembali. Kekuatan sebuah hati perjanjian akan memindahkan Anda dari tragedi menuju kemenangan.

Daud memperoleh semuanya kembali. Betapa kuatnya pernyataan ini! Jika ini terjadi dengan Daud, ini dapat terjadi dengan Anda. Tuhan tidak membedakan manusia (lihat Kisah Para Rasul 10:34). *Kuatkan iman Anda kepada Tuhan.*

---oo---

Daud kembali dari Ziklag dengan membawa lebih banyak daripada yang sudah hilang dari hidupnya. Ia kembali dengan apa yang telah dirampas, dan juga dengan barang-barang rampasan milik orang Amalek. Ia telah mengejar, merampas dan memperoleh kembali semuanya. Rahasia keberhasilannya bukanlah kemampuannya untuk berperang. Ketika yang ia lihat hanyalah kehilangan dan kerugian, rahasianya ialah mengangkat matanya ke atas dan berfokus pada Sion. *Ia menguatkan imannya kepada Tuhan.*

Ayat-ayat Perjanjian dalam Perjanjian Lama

Orang Perjanjian akan Mengalami Penganiayaan

Ketika Daud dan orang-orangnya sampai ke kota itu, tampaklah kota itu terbakar habis, dan istri mereka serta anak mereka yang laki-laki dan perempuan telah ditawan.

Lalu menangislah Daud dan rakyat yang bersama-sama dengan dia itu dengan nyaring, sampai mereka tidak kuat lagi menangis.

Juga kedua istri Daud ditawan, yakni Ahinoam, perempuan Yizreel, dan Abigail, bekas istri Nabal, orang Karmel itu (1 Samuel 30:3-5).

Orang Perjanjian Berpaling kepada Tuhan Bahkan di Tengah-tengah Penganiayaan

Dan Daud sangat terjepit, karena rakyat mengatakan hendak melempari dia dengan batu. Seluruh rakyat itu telah pedih hati, masing-masing karena anaknya laki-laki dan perempuan. Tetapi Daud menguatkan kepercayaannya kepada TUHAN, Allahnya.

Kemudian bertanyalah Daud kepada TUHAN, katanya: "Haruskah aku mengejar gerombolan itu? Akan dapatkah mereka kususul?" Dan Ia berfirman kepadanya: "Kejarlah, sebab sesungguhnya, engkau akan dapat menyusul mereka dan melepaskan para tawanan" (1 Samuel 30:6, 8).

Penerapannya dalam Perjanjian Baru

Yesus Menguatkan Iman-Nya dan Iman Orang-orang Lain

Semuanya itu Kukatakan kepadamu, supaya sukacita-Ku ada di dalam kamu dan sukacitamu menjadi penuh (Yohanes 15:11).

Paulus Menguatkan Imannya dan Iman Orang-orang Lain

Bersukacitalah senantiasa dalam Tuhan! Sekali lagi kukatakan: Bersukacitalah! (Filipi 4:4).

12

Orang Perjanjian Menghargai Hubungan Melebihi Segalanya

Tidak ada yang lebih berarti bagi seorang pria atau wanita perjanjian selain hubungan yang telah Tuhan gariskan bagi hidup mereka. Daud tidak terkecuali. Ia, bahkan, mengasihi Saul. Kasih Daud bagi Yonatan terlihat nyata sejak mereka memasuki perjanjian. Rasa suka dan kasihnya tidak pernah lebih nyata ketimbang ketika ia menerima pesan Saul dan berita kematian Yonatan.

Daud baru saja kembali dengan kemenangan setelah mengalahkan orang-orang Amalek, beristirahat di Ziklag dan bersukacita atas kemenangan itu. Suatu pagi pada hari ketiga, seorang pemuda Amalek menyerbu masuk kemah itu dengan membawa mahkota dan gelang milik Saul untuk diberikan sebagai hadiah kepada Daud. Daud berkata, "Apakah yang terjadi? Coba ceritakan kepadaku."

Pemuda itu menjawab, "Rakyat telah melarikan diri dari pertempuran; bukan saja banyak dari rakyat yang gugur dan mati, tetapi Saul dan Yonatan, anaknya, juga sudah mati" (lihat 2 Samuel 1:4). Pemuda itu berdusta dengan mengatakan bahwa ia telah menemukan Saul, yang sudah terluka dalam pertempuran, dan bahwa Saul telah meminta dia untuk membunuhnya agar kesengsaraannya berakhir. Pemuda itu, dengan menggunakan pedang Saul sendiri, telah membunuh raja yang pendengki itu. Sekarang pemuda Amalek ini sedang memegang mahkota dan gelang Saul dengan perasaan congkak serta angkuh, dan akan memberikannya kepada Daud.

Daud tidak tertarik. Bukannya bersukacita atas berakhirnya penganiayaan yang selama itu ia alami, ia justru menanggalkan pakaiannya dan berduka, meratap dan berpuasa sampai malam (lihat 2 Samuel 1:11-12).

Pemuda itu menjadi bingung; ia beranggapan Daud akan merasa senang bahwa musuhnya sudah mati. Tetapi, hati perjanjian Daud tahu bahwa Saul bukanlah musuhnya — Saul telah menjadi mentornya. Saul memandang Daud sebagai seorang musuh, tetapi Daud melihat Saul sebagai seorang ayah. Yonatan adalah saudara dan sekutu ketika ia dianiaya, dan sekarang Yonatan sudah tiada. Daud menangis, meratap dan tidak dapat makan karena *ia menghargai hubungan melebihi segalanya.* Kini, dua dari sekutunya yang paling penting sudah tiada.

---oo---

Orang perjanjian tidak pernah bersukacita atas kematian atau pergumulan orang percaya lain, sekalipun orang percaya itu telah menganiaya mereka atau berusaha menghancurkan mereka. Orang perjanjian mengerti bahwa ada berkat bagi mereka yang dianiaya oleh orang lain yang digunakan oleh Tuhan untuk menguji mereka. Jika bukan karena Saul, Daud tentunya tidak akan pernah berjumpa Yonatan. Jika bukan karena Saul, Daud tentunya akan berubah menjadi persis seperti orang yang melecehkannya. Daud memanggil pemuda Amalek.

> *Kemudian berkatalah Daud kepadanya: "Bagaimana? Tidakkah engkau segan mengangkat tanganmu memusnahkan orang yang diurapi* TUHAN*?"* (2 Samuel 1:14).

Apa pun yang telah Saul lakukan untuk menghancurkan Daud, Daud masih memandang dia sebagai orang yang diurapi Tuhan. Daud memanggil salah satu orangnya untuk membunuh orang Amalek yang telah membunuh Saul. Daud berkata kepada pemuda tersebut, "Kautanggung sendiri darahmu, sebab mulutmulah yang menjadi saksi menentang engkau, karena berkata: Aku telah membunuh orang yang diurapi TUHAN" (lihat 2 Samuel 1:16). Walaupun Daud telah menderita sebegitu rupa, Daud masih *menghargai hubungan melebihi segalanya.* Sesudah itu, dengan hati yang sangat hancur, ia mulai meratapi dirinya.

> *Betapa gugur para pahlawan di tengah-tengah pertempuran! Yonatan mati terbunuh di bukit-bukitmu. Merasa susah aku karena engkau, saudaraku*

Yonatan, engkau sangat ramah kepadaku; bagiku cintamu lebih ajaib daripada cinta perempuan. Betapa gugur para pahlawan dan musnah senjata-senjata perang! (2 Samuel 1:25-27).

---oo---

Daud terus-menerus mengalami gejolak-gejolak emosional sejak dia sebagai gembala muda. Ia adalah pemimpin pasukan Saul dan kemudian ia melarikan diri dari pasukan itu karena takut kehilangan nyawanya. Ia mengawali hidupnya dari nol dengan sekelompok orang yang sedang dalam kesukaran dan orang-orang buangan. Kelompok ini menjadi besar dan kemudian mereka menyaksikan bahwa segala sesuatu yang mereka miliki telah dicuri atau dibakar. Mereka memperoleh semua kembali dan beranggapan bahwa segala sesuatu akan berjalan sebagaimana adanya. Kini, kematian telah menimpa mentor maupun saudara perjanjiannya. Tidak ada pertempuran yang begitu dahsyat dibandingkan pertempuran batinnya. Ia *menghargai hubungan melebihi segalanya.*

Ia begitu *menghargai hubungan tersebut* sehingga ia membuat pemuda Amalek yang mengklaim telah membunuh Saul itu tewas. Kita harus mematikan apa pun yang tidak murni dalam diri kita. Kita harus menyingkirkan segala sesuatu yang menghalangi kita untuk hidup dalam perjanjian dengan sekutu kita. Musuh perjanjian yang kita biarkan hidup hari ini akan mengkhianati kita suatu hari kelak. Tidak ada yang lebih penting selain hubungan perjanjian kita.

Kita sangat ditantang untuk *menghargai hubungan perjanjian* demikian rupa sehingga kita sebagai orang yang diurapi Tuhan masih dapat menghargai mereka yang memanfaatkan dan melecehkan kita. Tuhan menghargai hubungan, dan inilah saatnya bagi kita untuk menghormati mereka juga.

Ayat-ayat Perjanjian dalam Perjanjian Lama

Orang Perjanjian Menghormati Pemimpin yang Sudah Tiada

Kemudian berkatalah Daud kepadanya: "Bagaimana? Tidakkah engkau segan mengangkat tanganmu memusnahkan orang yang diurapi TUHAN?"

Lalu Daud memanggil salah seorang dari anak buahnya dan berkata: "Ke mari, paranglah dia." Orang itu memarangnya, sehingga mati.

Dan Daud berkata kepadanya: "Kautanggung sendiri darahmu, sebab mulutmulah yang menjadi saksi menentang engkau, karena berkata: Aku telah membunuh orang yang diurapi TUHAN."

Daud menyanyikan nyanyian ratapan ini karena Saul dan Yonatan, anaknya (2 Samuel 1:14-17).

Kasih Perjanjian Melebihi Kematian

Saul dan Yonatan, orang-orang yang dicintai dan yang ramah, dalam hidup dan matinya tidak terpisah. Mereka lebih cepat dari burung rajawali, mereka lebih kuat dari singa.

Betapa gugur para pahlawan di tengah-tengah pertempuran! Yonatan mati terbunuh di bukit-bukitmu.

Merasa susah aku karena engkau, saudaraku Yonatan, engkau sangat ramah kepadaku; bagiku cintamu lebih ajaib daripada cinta perempuan.

Betapa gugur para pahlawan dan musnah senjata-senjata perang! (2 Samuel 1:23, 25-27).

Penerapannya dalam Perjanjian Baru

Yesus Menghargai Hubungan

Inilah perintah-Ku, yaitu supaya kamu saling mengasihi, seperti Aku telah mengasihi kamu.

Tidak ada kasih yang lebih besar daripada kasih seorang yang memberikan nyawanya untuk sahabat-sahabatnya.

Kamu adalah sahabat-Ku, jikalau kamu berbuat apa yang Kuperintahkan kepadamu (Yohanes 15:12-14).

Paulus Menghargai Hubungan

Dan rendahkanlah dirimu seorang kepada yang lain di dalam takut akan Kristus (Efesus 5:21).

13

Orang Perjanjian Ingin Memberkati Seisi Rumahnya

Ada sesuatu tentang kematian yang membuat seseorang mempertanyakan dan memprioritaskan segala sesuatu. Daud terus-menerus berduka karena ia merasa kehilangan dan ia membuat rencana untuk masa depannya. Sementara dalam kepedihannya Daud berdoa, Tuhan berbicara kepadanya untuk membawa keluarganya pergi ke Hebron. Ketika berada di sana, orang-orang dari suku Yehuda datang dan mengurapi Daud sebagai raja atas bangsa Yehuda. Bahkan menjelang kematiannya, Tuhan memperluas lingkup tujuan hidup yang telah Ia gariskan bagi Daud.

Diberitahukan kepada Daud bahwa laki-laki Yabesh-Gilead telah menguburkan Saul. Daud, yang masih ingin menghormati Saul, masuk ke dalam perjanjian dengan orang-orang tersebut guna menunjukkan kebaikan kepada mereka untuk apa yang telah mereka lakukan bagi Saul. Salah satu anak Saul, Isyboset, menolak untuk mengakui Daud sebagai raja dan kedudukannya sebagai raja atas Israel.

Nama *Isyboset* berasal dari dua kata (Ibrani). Yang pertama berarti "lelaki,"[1] dan arti kedua ialah "aib dan kebingungan."[2] Anak Saul ini adalah seorang lelaki yang pemalu dan suka bingung. Satu-satunya hal yang dapat dihasilkan oleh agama ialah aib dan kebingungan. Daud kebalikannya. Ia adalah orang perjanjian, yang menghasilkan percaya diri dan pengertian. Juga menarik untuk dicermati bahwa nama Isyboset mendekati arti "Goliat" yang kita bahas dalam bab sebelumnya.

> *Peperangan antara keluarga Saul dan keluarga Daud berlarut-larut; Daud kian lama kian kuat, sedang keluarga Saul kian lama kian lemah* (2 Samuel 3:1).

Usia Daud baru saja menginjak 30 tahun, namun ia telah menjalani pengalaman hidup yang lazimnya tidak pernah dikenal oleh orang yang usianya dua kali lipat dari dia. Ia telah memperlihatkan kematangan yang luar biasa selama itu, sebuah contoh dari orang perjanjian yang sejati. Raja Daud kemudian memerintah tujuh setengah tahun di Yehuda dan tiga puluh tiga tahun di seluruh Israel dan Yehuda. Prioritasnya yang utama ini ialah setia kepada mereka yang ditinggalkan Saul dan *memberkati seisi rumahnya.* Ia tidak bertemu dengan Mikhal sejak malam itu ketika ia dipaksa lari agar tidak kena murka Saul. Daud siap untuk menyatukan keluarganya kembali. Daud telah berhasil membuat Mikhal kembali kepadanya sementara ia berada di Hebron.

---oo---

Isyboset terus menentang Daud sampai akhirnya ia dibunuh ketika sedang tidur di atas tempat tidurnya (lihat 2 Samuel 4:7). Orang-orang yang membunuh Isyboset membawa kepalanya kepada Daud dengan harapan bahwa ia akan merasa bangga. Namun, Daud memperlakukan hal yang sama seperti ketika ia berhadapan dengan pemuda Amalek yang telah membunuh Saul. Mereka dibunuh karena telah membunuh orang yang diurapi Tuhan. Daud tidak pernah berhenti memelihara perjanjiannya, bahkan setelah kematian Saul. Ia terus menghormati Saul dan keturunan Saul.

Adalah keinginan Daud untuk mengambil Tabut Perjanjian kembali ke Yerusalem dan mengizinkan kemuliaan Tuhan kembali ke kotanya. Ia mengumpulkan tiga puluh ribu orang pilihan dan pergi untuk mendapatkan kembali hadirat Tuhan. Ia menempatkan Tabut itu di bagian belakang dari sebuah kereta baru yang ditarik beberapa ekor lembu. Semuanya berjalan lancar sampai mereka tiba di sebuah tempat pengirikan, dan lembu-lembu itu tergelincir sehingga Tabut itu terguncang. Uza mengulurkan tangannya agar Tabut itu tidak jatuh, dan Tuhan murka terhadap dia. Uza mati di tempat pengirikan itu. Daud takut untuk memindahkan Tabut tersebut, maka ia menghentikan kereta itu di rumah Obed-Edom, orang Gat selama tiga bulan.

Diberitahukanlah kepada Raja Daud, demikian: "TUHAN memberkati seisi rumah Obed-Edom dan segala yang ada padanya oleh karena tabut Allah itu." Lalu Daud pergi mengangkut tabut Allah itu dari rumah Obed-Edom ke kota Daud dengan sukacita (2 Samuel 6:12).

Daud keliru. Ia mengira bahwa Uza mati karena Tabut itu dikutuk. Padahal, ini dikarenakan cara dia membawa tabut itu salah. Mereka membawa Tabut itu dengan sebuah kereta yang masih baru. Kereta baru dibuat dari papan-papan kayu dan dua roda besar yang ditarik oleh beberapa lembu. Tabut Perjanjian harus dipikul di belakang orang-orang yang memegang jabatan imam yang punya komitmen dan tunduk pada perintah — imam-imam yang dikuduskan oleh darah dan minyak (lihat Keluaran 28).

Kekristenan modern membuat kesalahan yang sama. Orang mencuatkan program baru dan membawanya ke dalam hadirat Tuhan. Lalu ditunjuk panitia yang diibaratkan sebagai roda-roda besar untuk menentukan kehendak Tuhan. Semua konsep ini ditarik oleh pola berpikir kedagingan logis yang tidak manusiawi, satu cara yang meniru metodologi Filistin (lihat 1 Samuel 6). Daud akhirnya tahu bahwa imam-imam harus memikul kemuliaan Tuhan di atas bahu mereka sementara mereka mulai mengembalikan Tabut itu ke kota Daud. Ada sukacita besar. Daud melepaskan jubah kebesarannya dan menari di dalam Roh Kudus dengan semangat. Ia mengembalikan kuasa hadirat Tuhan dan kemuliaan Tuhan ke dalam kotanya, dan di dalam hatinya ia *memberkati seisi rumahnya.*

Ketika tabut TUHAN itu masuk ke kota Daud, maka Mikhal, anak perempuan Saul, menjenguk dari jendela, lalu melihat Raja Daud meloncat-loncat serta menari-nari di hadapan TUHAN. Sebab itu ia memandang rendah Daud dalam hatinya (2 Samuel 6:16).

Seluruh kota bersukacita dengan Daud ketika merayakan kembalinya hadirat Tuhan ke Yerusalem. Kitab 2 Samuel 6:20 menunjukkan bahwa setelah keriuhan itu berakhir, Daud meninggalkan orang-orang itu di tempat kediamannya karena *ingin memberkati seisi rumahnya sendiri.* Tetapi, Mikhal mengkritik dan merendahkan Daud. Sikap Mikhal sangat mirip ayahnya, yang lebih tertarik pada penampilan di muka umum ketimbang penyembahan yang sejati.

Daud mengatakan kepada Mikhal bahwa kepulangannya adalah untuk *memberkati dia,* tetapi sikap Mikhal terhadap pujian dan penyembahan yang menyegarkan itu menghalangi Mikhal untuk menerima berkat itu. Daud juga menjelaskan bahwa ia tidak akan menyesali kebebasannya dalam menyembah, karena ia menari di hadapan Tuhan dan bagi Tuhan, dan ia bahkan "akan menghinakan dirinya lebih daripada itu" (lihat 2 Samuel 6:21-22). Ayat berikutnya ialah sebuah pernyataan yang menyedihkan tentang mereka yang tidak mau menerima gerakan Roh yang segar.

> *Mikhal binti Saul tidak mendapat anak sampai hari matinya* (2 Samuel 6:23).

Orang perjanjian *ingin memberkati seisi rumahnya* tetapi tidak bertanggung jawab kalau orang yang akan diberkati itu menolak. Adakalanya, ketika seluruh kota bersukacita oleh karena Anda, seluruh isi rumah Anda marah melihat apa yang sedang Tuhan lakukan di dalam diri Anda dan melalui Anda. Jangan berhenti menari di hadapan Tuhan. Walaupun keluarga Anda sendiri tidak mengerti, tetaplah *punya keinginan untuk memberkati mereka.* Jika mereka tidak memahami gerakan Roh, mereka tidak akan berbuah dan tidak pernah menghasilkan hadirat Tuhan.

---oo---

Daud mengasihi Mikhal dan ingin *memberkati dia,* tetapi perempuan itu terlalu mirip ayahnya dan ciri-ciri ayahnya ada dalam dirinya. Pendapat orang lain masih merupakan sesuatu yang penting bagi seisi rumah dan garis keturunan Saul. Mikhal tetap merisaukan pendapat orang tentang tindakan raja ketimbang apa yang berkenan kepada Tuhan. Ketidaksediaan perempuan ini untuk berubah dan tunduk membuatnya tetap mandul. Siap sedialah selalu untuk *memberkati seisi rumah Anda,* tetapi ingatlah bahwa mereka tidak akan pernah berbuah kecuali mereka berubah dan tunduk kepada Tuhan. Tetaplah menari. Jangan biarkan semua tindakan yang tidak baik merampas sukacita dan buah roh Anda. *Daud kembali untuk memberkati seisi rumahnya sendiri.* Ia menyerahkan hasil-hasilnya di tangan Tuhan.

Anda tidak dapat bertanggung jawab atas sikap seisi rumah Anda terhadap Anda, tetapi Anda dapat dan harus bertanggung jawab atas sikap Anda terhadap keluarga Anda. Jangan sekali-sekali membiarkan segala kenegatifan mereka mengubah *keinginan* Anda *untuk memberkati mereka.*

Catatan

1. James Strong, *Strong's Exhaustive Concordance of the Bible* (Peabody, MA: Hendrickson Publishers, tanpa tahun), **eesh,** #376.
2. *Strong's,* **eesh Bosheth,** #378.

Ayat-ayat Perjanjian dalam Perjanjian Lama

Daud Ingin Memberkati Keluarganya

Ketika tabut TUHAN itu masuk ke kota Daud, maka Mikhal, anak perempuan Saul, menjenguk dari jendela, lalu melihat Raja Daud meloncat-loncat serta menari-nari di hadapan TUHAN. Sebab itu ia memandang rendah Daud dalam hatinya.

Ketika Daud pulang untuk memberi salam kepada seisi rumahnya, maka keluarlah Mikhal binti Saul mendapatkan Daud, katanya: "Betapa raja orang Israel, yang menelanjangi dirinya pada hari ini di depan mata budak-budak perempuan para hambanya, merasa dirinya terhormat pada hari ini, seperti orang hina dengan tidak malu-malu menelanjangi dirinya!" (2 Samuel 6:16, 20).

Orang Perjanjian Ingin Lebih Menyenangkan Tuhan Ketimbang Manusia

Tetapi berkatalah Daud kepada Mikhal: "Di hadapan TUHAN, yang telah memilih aku dengan menyisihkan ayahmu dan segenap keluarganya untuk menunjuk aku menjadi raja atas umat TUHAN, yakni atas Israel, — di hadapan TUHAN aku menari-nari.

Bahkan aku akan menghinakan diriku lebih daripada itu; engkau akan memandang aku rendah, tetapi bersama-sama budak-budak perempuan yang kaukatakan itu, bersama-sama merekalah aku mau dihormati."

Mikhal binti Saul tidak mendapat anak sampai hari matinya (2 Samuel 6:21-23).

Penerapannya dalam Perjanjian Baru

Yesus Ingin Memberkati Ibunya

Kemudian kata-Nya kepada murid-murid-Nya: "Inilah ibumu!" Dan sejak saat itu murid itu menerima dia di dalam rumahnya (Yohanes 19:27).

Paulus Mengajarkan bahwa Kita Harus Memberkati Keluarga Kita

Tetapi jika ada seorang yang tidak memelihara kan sanak saudaranya, apalagi seisi rumahnya, orang itu murtad dan lebih buruk dari orang yang tidak beriman.

Karena suami yang tidak beriman itu dikuduskan oleh istrinya dan istri yang tidak beriman itu dikuduskan oleh suaminya. Andaikata tidak demikian, niscaya anak-anakmu adalah anak cemar, tetapi sekarang mereka adalah anak-anak kudus (1 Korintus 7:14).

14
Orang Perjanjian Setia kepada Keturunan Saudara Perjanjiannya

Akhirnya, masa damai hadir dalam kehidupan Daud. Ketika beristirahat dari perang dengan musuh-musuhnya, ia punya lebih banyak waktu untuk merenung dan berpikir. Ia betul-betul kehilangan Yonatan, saudara perjanjiannya. Ia sudah berjanji kepada Saul bahwa ia akan selalu menghormati keturunan Saul. Sudah terbukti bahwa ia punya komitmen untuk menggenapi janji itu, sekalipun keturunan Saul tidak menghormatinya. Daud merasa kesepian. Mikhal belum memahami segala pola berpikir dan tindakan Daud. Mikhal lebih menyerupai ayahnya. Kalau saja Yonatan masih hidup.

Pada saat yang bersamaan, seorang pemuda pincang sedang bersembunyi di sebuah tempat yang bernama Lodebar. Ia adalah putra Yonatan dan cucu Saul. Pemuda ini bahkan lebih kesepian ketimbang Daud. Ia takut melihat Daud. Karena ia adalah keturunan Saul, maka ia merasa yakin bahwa Daud akan membunuhnya.

Sering kali hal-hal atau orang-orang yang kita takuti justru menjadi hal-hal atau orang-orang yang mempunyai peran yang baik dalam hidup kita. Daud membutuhkan pemuda pincang ini, demikian juga sebaliknya.

Ketika Daud beristirahat, Tuhan mengutus Nabi Natan kepada Daud dengan membawa sebuah pesan. Tuhan berkata, "Apabila engkau mendirikan rumah bagi-Ku, maka Aku akan mendirikan rumah bagimu." Tuhan juga berjanji bahwa Ia akan membangun takhta Daud dengan keturunannya sendiri (lihat 2 Samuel 7:11-13). Ucapan Natan mengingatkan Daud akan perjanjiannya dengan Yonatan. *Daud tetap punya komitmen untuk melakukan sesuatu bagi keturunan Yonatan.* Kini, raja baru itu berjanji akan membangun sebuah rumah bagi Tuhan.

---oo---

Sekali lagi terjadi perang (lihat 2 Samuel 8:1-18). (Setiap kali Anda punya komitmen untuk membangun rumah Tuhan atau menggenapi rancangan-Nya, selalu timbul perang. Jangan berhenti membangun.) Setelah perang itu dimenangkan, kalimat pertama yang keluar dari mulut Daud menyangkut perjanjiannya dengan Yonatan.

> *Berkatalah Daud: "Masih adakah orang yang tinggal dari keluarga Saul? Maka aku akan menunjukkan kasihku kepadanya oleh karena Yonatan"* (2 Samuel 9:1).

Ziba, pelayan Saul, menceritakan mengenai Mefiboset, pemuda pincang anak Yonatan itu, kepada Daud. Karena tidak tahu tentang perjanjian antara ayahnya dengan Daud, pemuda itu takut melihat Daud. Mefiboset menjadi pincang sejak Yonatan dan Saul tewas di dalam peperangan. Begitu mendengar berita terbunuhnya anak-beranak itu di medan perang, pengasuh Mefiboset menyelamatkan diri dengan membawa anak kecil yang pada saat itu berusia lima tahun. Tatkala kakinya tersandung, anak itu terjatuh dari gendongannya dan kedua pergelangan kakinya terkilir (lihat 2 Samuel 4:4).

Sebelum Daud memanggil Mefiboset, pemuda ini ditinggalkan di sebuah tempat yang bernama Lodebar. Sesuai dengan definisinya, Lodebar berarti "tempat tanpa padang rumput, tanpa ucapan ataupun komunikasi."[1] Sejak ditinggalkan ayahnya, Mefiboset tinggal di sebuah tempat tanpa komunikasi dengan orang lain.

Berapa banyak orang pada hari ini yang telah terjatuh dan menjadi cacat dalam pergaulannya dengan Tuhan karena tak seorang pun telah berkomunikasi dengan mereka bahwa mereka memiliki sebuah perjanjian dengan Raja? Mefiboset menjadi lumpuh oleh karena tidak berpengetahuan sebagaimana ia juga lumpuh oleh karena cacat tubuhnya (lihat Hosea 4:6). Tak seorang pun yang memberi tahu dia bahwa tulang yang patah dapat dipulihkan.

Ketika dipanggil untuk menghadap, Mefiboset masuk ke istana raja dengan gelisah dan takut kalau-kalau nyawanya terancam. Cucu Saul yang lumpuh ini tidak tahu-menahu mengenai perjanjian antara kakeknya dengan Daud. Ia tidak tahu bahwa ia telah diberkati dengan sebuah perjanjian yang telah dibuat sebelum ia lahir!

Lalu sujudlah Mefiboset dan berkata: "Apakah hambamu ini, sehingga engkau menghiraukan anjing mati seperti aku?" (2 Samuel 9:8).

Dewasa ini begitu banyak orang kudus yang terkucil, ditinggalkan sebatang kara dengan perasaan takut karena tak seorang pun mengabarkan hal-hal yang baik kepada mereka. Sebuah perjanjian dengan sang Raja telah diikat jauh sebelum mereka dilahirkan. Mereka akan tetap tinggal di tempat yang tidak terjangkau dunia luar, tempat yang penuh depresi, di mana mereka tidak pernah mengalami hak-hak istimewa. Mereka akan tetap pincang ketika harus berjalan sampai mereka meninggalkan Lodebar dan masuk ke dalam istana Raja. Begitu mereka tiba di sana dengan aman, mereka akan duduk sebagai putra Raja di meja-Nya sepanjang sisa hidup mereka. Kain lenan yang menutupi meja Raja selamanya akan menutupi kondisi mereka yang pincang (lihat Wahyu 19:8)!

Daud dan Yonatan mengikat perjanjian yang berkembang melebihi makna hubungan mereka. *Mereka tetap punya komitmen untuk melakukan sesuatu bagi keturunan saudara perjanjiannya.* Kesepakatan perjanjian mereka ialah, "Kemudian berkatalah Yonatan kepada Daud: 'Pergilah dengan selamat; bukankah kita berdua telah bersumpah demi nama TUHAN, demikian: TUHAN akan ada di antara aku dan engkau serta di antara keturunanku dan keturunanmu sampai selamanya'" (1 Samuel 20:42). Bertahun-tahun setelah kematian Yonatan, Daud masih punya komitmen untuk melakukan sesuatu bagi keturunan Yonatan.

Dan Mefiboset makan sehidangan dengan Daud sebagai salah seorang anak raja (2 Samuel 9:11).

Pria-pria dan wanita-wanita perjanjian yang sejati menaruh perhatian kepada *keturunan saudara perjanjiannya.* Jika musuh tidak mampu membuat orang tua perjanjian saling bertikai, maka ia akan mencoba mendatangkan perpecahan melalui anak-anak mereka. Sebagai orang dewasa, kita terikat pada perjanjian kita. Perjanjian itu berlanjut sampai anak-anak kita. Jangan biarkan anak-anak Anda saling bertengkar atau bertikai, karena perjanjian kita juga mencakup *keturunan kita masing-masing.*

Daud memelihara perjanjiannya dengan Yonatan. Ini dibuktikan melalui sikapnya yang menunjukkan bahwa ia menyukai Mefiboset. Daud juga memegang janjinya kepada Saul dengan menunjukkan kesukaannya kepada Ziba, pelayan Saul. Kekuatan sebuah hati perjanjian tidak pernah mengizinkan Anda untuk melanggar perjanjian atau tidak menghormati ucapan Anda sendiri. Kekuatan sebuah hati perjanjian akan membuat kita *punya komitmen untuk melakukan sesuatu bagi keturunan saudara perjanjian kita.*

Ini bukanlah akhir dari janji Daud untuk setia kepada keturunan Yonatan. Kemudian dalam 2 Samuel 21, untuk menanggulangi bencana kelaparan akibat dilanggarnya perjanjian dengan orang-orang Gibeon oleh Saul, tujuh keturunan Saul dituntut untuk dibunuh di atas sebuah pohon. Daud mengambil dua anak lelaki Rizpa dan lima orang cucu yang Mikhal telah asuh dan persembahkan di pohon. Namun ia membiarkan Mefiboset, anak Yonatan, hidup oleh karena perjanjian yang ia miliki dengan Yonatan (lihat 2 Samuel 21:7). *Orang perjanjian memiliki komitmen untuk melakukan sesuatu bagi keturunan mitranya.*

Hujan tidak turun selama tiga tahun akibat dilanggarnya perjanjian antara Saul dan orang-orang Gibeon. Apabila kita melanggar perjanjian, kita akan mengalami bencana kelaparan. Satu-satunya hal yang dapat memadamkan bencana itu adalah kematian *tujuh* keturunan Saul di pohon. Kelaparan kita berakhir ketika Ia yang adalah *tujuh* mati di salib untuk memulihkan perjanjian Adam yang dilanggar. Ketika disalib, Tuhan digantung *dengan sempurna,* sekali dan untuk selamanya! *Tujuh* melambangkan kesempurnaan.

---oo---

Rizpa, selir Saul, membentangkan kain karung di atas gunung batu di mana anak-anak lelakinya dibunuh. Perempuan ini tidak mau tidur atau makan sementara ia mengusir burung-burung dan binatang-binatang dari jasad anak-anaknya (lihat 2 Samuel 21:10). Mereka telah dihukum mati pada awal masa tuaian gandum. Dengan cara yang sama, tuaian kita dimulai dengan kematian di kayu salib. Rizpa tetap tinggal di atas gunung batu sampai hujan turun. Kiranya kita tetap berpegang pada Gunung Batu itu sampai hujan turun!

Ketika hujan mulai turun, Raja Daud diberi tahu apa yang telah dilakukan oleh Rizpa. Tindakan-tindakan Rizpa menggerakkan hati Raja untuk memberikan pemakaman yang layak bagi anak-anaknya. Kemudian, Daud mengambil kembali tulang-tulang Saul dan Yonatan dari orang-orang Filistin dan menyelenggarakan pemakaman yang layak bagi mereka juga (lihat 2 Samuel 21:13-14). *Orang perjanjian memiliki komitmen untuk melakukan sesuatu bagi keturunan saudara perjanjiannya.*

Apa yang kita perlukan hari ini adalah orang-orang seperti Rizpa, orang perjanjian yang mau tinggal di atas Gunung Batu dan mengusir burung-burung serta binatang-binatang buas dari keturunan mereka sampai hujan turun dari Surga. Kita membutuhkan orang perjanjian yang mau tinggal di atas Gunung Batu sampai hati raja digerakkan. Kita membutuhkan orang perjanjian yang mau tinggal di atas Gunung Batu sampai sistem lama yang sudah mati, yang tidak menerapkan dan memahami perjanjian, dikuburkan selamanya. Tetaplah berada di atas Gunung Batu!

Catatan

1. James Strong, *Strong's Exhaustive Concordance of the Bible* (Peabody, MA: Hendrickson Publishers, tanpa tahun), **Lo' Debav,** H3810.

Ayat-ayat Perjanjian dalam Perjanjian Lama

Orang Perjanjian Menghormati Komitmen

Yonatan, anak Saul, mempunyai seorang anak laki-laki, yang cacat kakinya. Ia berumur lima tahun, ketika datang kabar tentang Saul dan Yonatan dari Yizreel. Inang pengasuhnya mengangkat dia pada waktu itu, lalu lari, tetapi karena terburu-buru larinya, anak itu jatuh dan menjadi timpang. Ia bernama Mefiboset (2 Samuel 4:4).

Berkatalah Daud: "Masih adakah orang yang tinggal dari keluarga Saul? Maka aku akan menunjukkan kasihku kepadanya oleh karena Yonatan."

Kemudian berkatalah raja: "Tidak adakah lagi orang yang tinggal dari keluarga Saul? Aku hendak menunjukkan kepadanya kasih yang dari Allah." Lalu berkatalah Ziba kepada raja: "Masih ada seorang anak laki-laki Yonatan, yang cacat kakinya."

Tanya raja kepadanya: "Di manakah ia?" Jawab Ziba kepada raja: "Dia ada di rumah Makhir bin Amiel, di Lodebar."

Sesudah itu Raja Daud menyuruh mengambil dia dari rumah Makhir bin Amiel, dari Lodebar (2 Samuel 9:1, 3-5).

Orang Perjanjian Merawat Mereka yang Terluka dan Berbeban Berat

Dan Mefiboset bin Yonatan bin Saul masuk menghadap Daud, ia sujud dan menyembah. Kata Daud: "Mefiboset!" Jawabnya: "Inilah hamba tuanku."

Demikianlah Mefiboset diam di Yerusalem, sebab ia tetap makan sehidangan dengan raja. Adapun kedua kakinya timpang (2 Samuel 9:6, 13).

Penerapannya dalam Perjanjian Baru

Yesus Punya Komitmen untuk Melakukan Sesuatu bagi Keturunan Kita

Ketika Yesus melihat hal itu, Ia marah dan berkata kepada mereka: "Biarkan anak-anak itu datang kepada-Ku, jangan menghalang-halangi mereka, sebab orang-orang yang seperti itulah yang empunya Kerajaan Allah (Markus 10:14).

Komitmen Paulus untuk Melakukan Sesuatu bagi Keturunan Ilahi

Hai anak-anakku, karena kamu aku menderita sakit bersalin lagi, sampai rupa Kristus menjadi nyata di dalam kamu (Galatia 4:19).

15

Orang Perjanjian Tidak Sempurna tetapi Memiliki Hati yang Sempurna

Daud punya segala-galanya kecuali kesempurnaan, namun ia memelihara hati yang sempurna. Tuhan tidak pernah mencari orang yang sempurna, tetapi orang yang berkenan di hati Tuhan (lihat Kisah Para Rasul 13:22). Hati Daud adalah hati perjanjian yang sempurna. Tuhan memilih orang-orang yang tidak sempurna. Tuhan memandang hati, menekankan motif, bukan sekadar perbuatan. Daud *tidak sempurna,* tetapi ia punya hati yang sempurna.

Sama seperti kita, Daud telah banyak berbuat salah dalam perjalanan hidupnya. Namun, ia belum pernah membuat kesalahan seperti kesalahan yang akan digambarkan ini. Untuk pertama kalinya dalam sepanjang hidupnya, ia melanggar perjanjian dan hukuman yang sangat mengerikan ia alami karena hidup di luar batas-batas yang telah ditentukan.

---oo---

Pasal 11 dari 2 Samuel dibuka dengan gambaran ketika raja-raja sedang maju ke medan pertempuran. Akan tetapi, Daud bermalas-malasan di Yerusalem. Orang perjanjian seharusnya berada di mana seharusnya mereka ada. Daud tinggal di rumah, padahal seharusnya ia berada di medan pertempuran.

Raja ini bangun dari tempat tidurnya dan berjalan-jalan di sotoh istana. Dari situ ia kebetulan melihat seorang perempuan cantik sedang mandi. Setelah mencari informasi, ia tahu bahwa perempuan itu adalah istri Uria, orang Het, dan namanya Batsyeba. Nama *Batsyeba* berasal dari bahasa Ibrani yang berarti "anak perempuan dari sumpah perjanjian"[1] ;

"*syeba*" di dalam nama itu juga berarti "tujuh."[2]

Daud mengundang perempuan cantik ini dan tidur bersamanya, karena ia tahu benar bahwa suaminya sedang berada di medan perang. Dari perselingkuhan ini, mengandunglah Batsyeba. Ia menemui Daud dan memberi tahu kepadanya bahwa ia sedang mengandung — dan itu adalah anak Daud. Daud kemudian memberi tugas kepada panglima perang pasukannya agar meminta Uria pulang ke rumahnya. Daud berharap bahwa Uria akan tidur bersama istrinya sehingga dapat direkayasa bahwa bayi dalam kandungan Batsyeba berasal dari benih Uria. Uria memang pulang dari pertempuran, tetapi ia menolak untuk pulang ke rumahnya sendiri karena ia menghormati para laki-laki yang sedang berada di medan perang. Ia berkata, tidak adil kalau ia bersenang-senang di rumahnya sementara orang-orang lain sedang mempertaruhkan nyawanya (lihat 2 Samuel 11:11).

Lalu Daud memerintahkan panglima pasukannya untuk menempatkan Uria di garis depan ketika pertempuran sedang mencapai puncaknya. Daud telah bertekad bahwa jika rancangannya untuk menutupi perselingkuhannya tidak berhasil, maka suami perempuan itu harus dilenyapkan. Dan, ia dapat mengambil perempuan itu untuk dijadikan istrinya sendiri. Rancangan itu berhasil, dan Uria tewas di medan pertempuran. Perzinaan, kemudian pembunuhan. Daud *tidak sempurna.*

> *Setelah lewat waktu berkabung, maka Daud menyuruh membawa perempuan itu ke rumahnya. Perempuan itu menjadi istrinya dan melahirkan seorang anak laki-laki baginya. Tetapi hal yang telah dilakukan Daud itu adalah jahat di mata* TUHAN (2 Samuel 11:27).

Frase paling menarik di dalam ayat tadi ialah bahwa perbuatan Daud itu "jahat di mata Tuhan". Tuhan bukan tidak berkenan pada lembaga pernikahan, tetapi Ia tidak suka melihat segala aktivitas yang melanggar perjanjian perkawinan. *Batsyeba* mewakili apa yang berasal dari "sumpah perjanjian" atau angka "tujuh," yang melambangkan keutuhan dan kesempurnaan. Adalah salah kalau menyatukan sesuatu dengan yang utuh atau dengan perjanjian, jika tidak ada perjanjian. Dosa adalah apa yang kita lakukan di luar perjanjian. Tidak ada dosa di dalam perjanjian.

Tuhan mengutus Nabi Natan untuk menegur dan memperingatkan

Daud menyangkut perbuatannya di luar perjanjian. Yahwe dengan terang-terangan menghukum perbuatan Daud yang dilakukan dengan sembunyi-sembunyi. Tuhan bersedia mengampuni Daud dan membiarkan dia hidup oleh karena kebenaran yang ada dalam hati Daud, namun anak Daud, buah dari pelanggaran perjanjian, harus mati (lihat 2 Samuel 12:9-15). Ini menunjukkan bahwa orang perjanjian dapat memiliki *hati yang sempurna tanpa hidup yang sempurna.*

Karena menyesal, Daud duduk di lantai sambil menangis dan berpuasa sepanjang malam. Ia memohon kepada Tuhan agar anaknya dibiarkan hidup — tetapi ini sia-sia, karena anak itu mati. Lalu Daud bangun dari lantai, mandi, berurap dan bertukar pakaian (lihat 2 Samuel 12:20). Prinsip ini memperlihatkan bahwa Anda dapat menutupi perjanjian yang dilanggar, tetapi masih ada konsekuensi dari perbuatan yang dilakukan di luar perjanjian.

Daud tidak sempurna, tetapi ia punya hati yang sempurna. Ini dibuktikan ketika ia ditegur dan kesalahannya dipaparkan oleh Nabi Natan. Ucapannya "Aku sudah berdosa kepada TUHAN" (lihat 2 Samuel 12:13) menunjukkan bahwa ia bertanggung jawab seutuhnya dan dengan sempurna. Ia mengungkapkan isi hatinya dalam Mazmur 51:5-6 sedemikian rupa, "Sebab aku sendiri sadar akan pelanggaranku, aku senantiasa bergumul dengan dosaku. Terhadap Engkau, terhadap Engkau sajalah aku telah berdosa dan melakukan apa yang Kauanggap jahat, supaya ternyata Engkau adil dalam putusan-Mu, bersih dalam penghukuman-Mu." Dengan sungguh-sungguh Daud menaikkan doa pertobatan yang lahir dari hatinya yang murni seperti ini.

> *Jadikanlah hatiku tahir, ya Allah, dan perbaruilah batinku dengan roh yang teguh! Janganlah membuang aku dari hadapan-Mu, dan janganlah mengambil roh-Mu yang kudus dari padaku! Bangkitkanlah kembali padaku kegirangan karena selamat yang dari pada-Mu, dan lengkapilah aku dengan roh yang rela! Maka aku akan mengajarkan jalan-Mu kepada orang-orang yang melakukan pelanggaran, supaya orang-orang berdosa berbalik kepada-Mu* (Mazmur 51:12-15).

Kendati dosa Daud serius, ia masih tetap menjadi orang yang berkenan di mata Tuhan, orang perjanjian. Ia telah gagal, tetapi hatinya cepat bertobat dan ia bersedia memikul tanggung jawab. Simak baik-baik ucapan berikutnya dalam Mazmur 51:19:

> *Kurban sembelihan kepada Allah ialah jiwa yang hancur; hati yang patah dan remuk tidak akan Kaupandang hina, ya Allah.*

Daud menjadi orang yang hancur dan remuk hati. *Ia tidak sempurna, tetapi ia memiliki hati yang sempurna.*

Kerap kali kita menghakimi orang lain berdasarkan perbuatan mereka, namun kita ingin agar orang lain menghakimi kita berdasarkan niat kita. Tuhan menghormati hati Daud kendati Ia menghukum perbuatannya. Daud dan Batsyeba kehilangan anak yang dikandung di luar perjanjian, namun Batsyeba mengandung lagi — Salomo yang bijak — yang mewarisi takhta, dan Tuhan mengasihi anak itu (lihat 2 Samuel 12:24). Perbedaannya terletak pada perjanjian. Yang satu dikandung di luar perjanjian, yang lain dikandung dalam perjanjian. Perempuan yang sama adalah ibu dari keduanya. Dosa hidup di luar perjanjian. Apabila keinginan dibuahi, ia melahirkan dosa. Dosa, ketika sudah matang, melahirkan maut (lihat Yakobus 1:15). Kebenaran hidup dalam perjanjian. Kebenaran melahirkan hidup.

Tuhan sudah tahu apa yang mampu dilakukan Daud sebelum ia berbuat dosa. Sebelum kita gagal, kasih karunia Tuhan memberi perlengkapan dan rancangan untuk pemulihan kita. Dalam rancangan penebusan-Nya yang agung, Ia menyembelih Anak Domba sebelum Ia menikam manusia itu (lihat Roma 8:20; Wahyu 13:8). Tuhan menentukan bahwa Salomo harus dilahirkan. Dan orang paling bijak lahir dari perempuan dengan siapa Daud berbuat dosa. Bersyukur kepada Tuhan atas kasih karunia-Nya yang ajaib!

Pria-pria dan wanita-wanita perjanjian *tidak harus sempurna; mereka hanya memerlukan hati yang sempurna.* Jangan remehkan Daud. Hanya untuk sementara ia menyimpang, tetapi hatinya masih tetap hati perjanjian. *Daud memiliki hati yang sempurna.*

Ketika kita bertemu Daud untuk pertama kalinya, kita melihat bahwa Tuhan berkenan kepada Daud oleh karena apa yang ada di dalam hatinya. Kitab Suci mengatakan, "Bukan yang dilihat manusia yang dilihat Allah; manusia melihat apa yang di depan mata, tetapi TUHAN melihat hati"

(1 Samuel 16:7).

Pada awalnya Daud tidak bersikap bijak dengan Batsyeba, dan bahkan membuat Uria tewas. Namun, hati Daud tetap berpaut kepada Tuhan. Tuhan tahu sejak awal bahwa Daud tidak sempurna, tetapi bagaimanapun juga Ia memilih Daud. Tuhan tidak mencari bejana-bejana yang sempurna. Ia semata-mata mencari bejana-bejana yang taat. *Orang perjanjian tidak sempurna, tetapi mereka memiliki hati yang sempurna.*

---oo---

Kesalahan terbesar yang dibuat oleh Daud bukanlah perselingkuhannya dengan Batsyeba, melainkan kenyataan bahwa ia tinggal di istananya sementara raja-raja lain maju ke medan perang (lihat 2 Samuel 11:1). Apabila kita bersantai-santai tatkala Tuhan berkata, "Pergilah," kita sebetulnya sedang berkompromi. Seandainya Daud berada di medan perang, ia tidak akan melihat Batsyeba yang sedang mandi, dan, oleh karenanya, ia tidak akan punya kesempatan untuk tidur bersama perempuan itu. Seandainya ia tidak tidur bersama Batsyeba, ia tidak akan punya niat untuk membuat Uria tewas terbunuh.

Daud tidak sempurna, tetapi ia memiliki hati yang sempurna. Kesediaannya untuk memikul tanggung jawab atas perbuatannya dan pertobatannya yang segera diperlihatkan mengesankan Tuhan. Daud tetap menjadi orang perjanjian!

Catatan

1. James Strong, *Strong's Exhaustive Concordance of the Bible* (Peabody, MA: Hendrickson Publishers, tanpa tahun), **Bathsheba,** #1339.
2. *Strong's,* **Sheba,** #7651.

Ayat-ayat Perjanjian dalam Perjanjian Lama

Tatkala Orang Perjanjian Keluar dari Perjanjian, Timbullah Bencana

Pada pergantian tahun, pada waktu raja-raja biasanya maju berperang, maka Daud menyuruh Yoab maju beserta orang-orangnya dan seluruh orang Israel. Mereka memusnahkan bani Amon dan mengepung kota Raba, sedang Daud sendiri tinggal di Yerusalem.

Sekali peristiwa pada waktu petang, ketika Daud bangun dari tempat pembaringannya, lalu berjalan-jalan di atas sotoh istana, tampak kepadanya dari atas sotoh itu seorang perempuan sedang mandi; perempuan itu sangat elok rupanya.

Lalu Daud menyuruh orang bertanya tentang perempuan itu dan orang berkata: "Itu adalah Batsyeba binti Eliam, istri Uria orang Het itu."

Sesudah itu Daud menyuruh orang mengambil dia. Perempuan itu datang kepadanya, lalu Daud tidur dengan dia. Perempuan itu baru selesai membersihkan diri dari kenajisannya. Kemudian pulanglah perempuan itu ke rumahnya.

Lalu mengandunglah perempuan itu dan disuruhnya orang memberitahukan kepada Daud, demikian: "Aku mengandung" (2 Samuel 11:1-5).

Penerapannya dalam Perjanjian Baru

Yesus Mempertimbangkan Hati

Berbahagialah orang yang suci hatinya, karena mereka akan melihat Allah (Matius 5:8).

Paulus Mengkhotbahkan bahwa Tuhan Melihat Hati

Ingat saja, saudara-saudara, bagaimana keadaan kamu, ketika kamu dipanggil: menurut ukuran manusia tidak banyak orang yang bijak, tidak banyak orang yang berpengaruh, tidak banyak orang yang terpandang.

Tetapi apa yang bodoh bagi dunia, dipilih Allah untuk memalukan orang-orang yang berhikmat, dan apa yang lemah bagi dunia, dipilih Allah untuk memalukan apa yang kuat.

Dan apa yang tidak terpandang dan yang hina bagi dunia, dipilih Allah, bahkan apa yang tidak berarti, dipilih Allah untuk meniadakan apa yang berarti.

Supaya jangan ada seorang manusia pun yang memegahkan diri di hadapan Allah (1 Korintus 1:26-29).

16

Orang Perjanjian akan Menderita namun akan Dipulihkan

Daud diampuni. Namun, kita tidak boleh menyiratkan bahwa tidak ada konsekuensi untuk perjanjian yang dilanggar. Satu kali pelanggaran sudah menanamkan benih yang hasilnya akan tampak di dalam kehidupan keturunannya selama bertahun-tahun mendatang. *Daud harus menderita akibat perjanjian-perjanjian yang telah dilanggarnya.*

Dosa akan membawa Anda ke suatu tempat yang lebih jauh dari yang Anda inginkan, membuat Anda berada dalam suatu posisi lebih lama dari yang Anda inginkan, dan mengharuskan Anda membayar lebih mahal dari yang Anda rela untuk membayarnya. Hukuman akibat dosa tidak layak diperjuangkan.

Nabi Natan mendatangi Daud dalam 2 Samuel 12 seraya mengatakan, "Engkaulah orangnya. Engkaulah yang mengambil Batsyeba, dan engkaulah yang membuat Uria tewas. Engkaulah orangnya yang tinggal di rumah, padahal seharusnya engkau berada di medan pertempuran. Engkau orang yang bersalah."

Daud menanggapi dengan "Aku sudah berdosa kepada TUHAN." Tuhan segera mengampuni dia, tetapi perbuatannya mempunyai akibat. Daud harus *menderita karena kehilangan anak* hasil hubungan gelap. Apa yang dihasilkan di luar perjanjian tidak akan hidup.

Anak pertama dari Daud dan Batsyeba meninggal, tetapi *mereka mendapat penggantinya, yaitu anak kedua.* Anak itu diberi nama Salomo, dan ia dikasihi Tuhan (lihat 2 Samuel 12:24). Daud memberi nama kesayangan, Yedija, yang berarti "oleh karena Tuhan" (lihat 2 Samuel 12:25). Perempuan yang sama, anak yang berbeda; yang satu berada di dalam batasan perjanjian dan diberkati — yang lain berada di luar perjanjian dan harus mati.

> *Oleh sebab itu, pedang tidak akan menyingkir dari keturunanmu sampai selamanya, karena engkau telah menghina Aku dan mengambil istri Uria, orang Het itu, untuk menjadi istrimu. Beginilah firman TUHAN: Bahwasanya malapetaka akan Kutimpakan ke atasmu yang datang dari kaum keluargamu sendiri. Aku akan mengambil istri-istrimu di depan matamu dan memberikannya kepada orang lain; orang itu akan tidur dengan istri-istrimu di siang hari* (2 Samuel 12:10-11).

Untung rugi sudah bukan lagi hal yang asing dalam kehidupan Daud, tetapi ia belum *menderita* secara batiniah sebagaimana yang harus ia *alami.* Jangan salah mengerti; ia akan *dipulihkan.* Namun, pemulihan itu harus dibayar dengan harga mahal.

---oo---

Natan bernubuat bahwa pedang tidak akan menyingkir dari keluarga Daud — bahwa di luar keluarganya, Tuhan akan membangkitkan yang jahat. Alkitab Living Bible membuat catatan dalam 2 Samuel 12:10 bahwa Daud harus hidup di bawah "ancaman yang terus-menerus" dalam keluarganya sendiri. Perjanjian-perjanjian yang dilanggar menciptakan kecurigaan, ketidakpercayaan dan kebencian. Dapatkah Anda membayangkan kalau semua ini terjadi dalam keluarga Anda?

Sebuah pelanggaran telah mengakibatkan kematian seorang anak. Kemudian, nafsu yang bercokol dalam diri Daud berkembang dengan sendirinya, melanda istana di seluruh istana raja tersebut. Amnon, anak laki-laki Daud, jatuh cinta kepada Tamar, anak perempuan Daud. Amnon berpura-pura sakit dengan niat membujuk Tamar untuk merawatnya, dan kemudian ia memaksa gadis itu untuk tidur bersamanya (lihat 2 Samuel 13:14).

Nafsu telah membuka jalan untuk memperkosa, dan perkosaan membuka jalan untuk timbulnya kebencian (lihat 2 Samuel 13:15). Setelah berhasil memuaskan nafsunya pada Tamar, Amnon menjadi benci terhadap Tamar, dan kadar kebencian ini lebih besar daripada perasaan cinta yang ia miliki sebelumnya. Semua ini adalah konsekuensi perjanjian yang dilanggar. Tuhan telah menyediakan segala sesuatu untuk setiap kebutuhan kita di dalam hubungan perjanjian. Kita tidak boleh keluar melewati batasan-batasan itu.

Dengan perasaan direndahkan, Tamar menemui kakak kandungnya dan memaparkan apa yang telah dilakukan oleh saudara tirinya terhadap dirinya. Sejak saat itu Absalom membenci Amnon dan mulai merancang untuk melenyapkannya (lihat 2 Samuel 13:20,22). Di dalam istana raja itu, kebencian berkembang. Kedua kakak beradik ini tidak saling sapa selama dua tahun penuh, dan semua ini berlangsung dalam istana raja tersebut.

Daud menjadi begitu terobsesi dengan kegagalannya sehingga ia lalai untuk mengetahui masalah yang timbul di antara anak-anaknya sendiri. Tanggapan satu-satunya terhadap perkosaan yang dialami anak perempuannya dicatat dalam 2 Samuel 13:21:

Ketika segala perkara itu didengar Raja Daud sangat marahlah ia.

Hanya itu. Sebatas itu yang dikatakan mengenai reaksinya. Daud marah! Betapa mengerikan bencana yang ditimbulkan oleh sebuah perjanjian yang dilanggar terhadap sebuah keluarga.

Absalom akhirnya memperdaya Daud agar ia membiarkan semua anak laki-lakinya untuk memotong bulu domba bersama-sama. Sementara anak-anak itu pergi, Absalom membunuh Amnon sebagai balas dendam (lihat 2 Samuel 13:28-29). Apakah Anda ingat Uria? Natan sudah pernah mengingatkannya, "Pedang tidak akan menyingkir dari keluarga Daud." Seandainya Daud sadar akan apa yang terjadi dalam keluarganya sendiri, ia tentunya tahu bahwa kedua anak tersebut sudah bermusuhan.

Absalom telah melarikan diri dan telah pergi ke Gesur; ia tinggal di sana tiga tahun lamanya. Lalu raja tidak lagi marah terhadap Absalom, sebab kesedihan hatinya karena kematian Amnon telah surut (2 Samuel 13:38-39).

Pada saat itu Daud menyesali harinya ketika ia berada di sotoh istana di mana semestinya ia pergi ke medan pertempuran. Jauh lebih mudah untuk memerangi "raksasa-raksasa dari luar" ketimbang harus hidup dengan "raksasa-raksasa yang di dalam."

Absalom memang kembali ke Yerusalem, namun sudah tidak lagi sebagai hamba yang rendah hati. Ia kembali sebagai seorang politikus yang canggih dengan agendanya yang sangat pribadi, yaitu merebut takhta ayahnya. Satu kali pelanggaran telah menciptakan kematian, nafsu, perkosaan, kebencian, pembunuhan dan politik-politik agamawi.

Penampilan Absalom begitu sangat menarik dengan karismanya yang sangat alami. Rambutnya yang indah membuat semua orang memuji dia (lihat 2 Samuel 14:25-26). Kecongkakannya segera menguasai dia sementara ia memulai kampanyenya untuk memenangkan dukungan rakyat. Ketika rakyat menghadap Daud untuk mendapatkan nasihat, Pangeran Absalom menemui mereka di pintu gerbang, menyambut mereka, menjabat tangan dan mencium mereka (lihat 2 Samuel 15:2-6). Sebagai politikus yang licik, Absalom berhasil merebut hati rakyat.

> *Lalu datanglah seseorang mengabarkan kepada Daud, katanya: "Hati orang Israel telah condong kepada Absalom"* (2 Samuel 15:13).

Daud, yang masih merasa bersalah oleh karena perbuatannya yang amoral, turun takhta dan menyelamatkan nyawanya dari anak laki-lakinya sendiri (lihat 2 Samuel 15:14). Dosa selalu melahirkan konsekuensi. Dosa Daud membuat dia *menderita,* tetapi perasaan tertuduh dan bersalahlah yang terus-menerus mengganggu dirinya. *Ia perlu pemulihan.*

Merasa ditinggalkan dan sendirian, Daud mengatasi luka-lukanya. Ketika ia datang kepada Bahurim, Simei keluar seraya mengutuk dan meludah, bahkan melempari dia dengan batu. Orang-orang yang bersama Daud berusaha menghibur Daud dan bahkan membunuh sang penuduh, namun Daud punya belas kasihan dan menyuruh mereka membiarkan orang tersebut terus-menerus mencercanya (lihat 2 Samuel 16:9-13). *Simei* berasal dari sebuah kata (Ibrani) yang berarti "kabar angin atau hal-hal yang didengar." Daud sedang dikutuki, diludahi, dan diserang oleh kabar angin. Jika ia tidak cepat-cepat pulih, perasaan bersalahnya akan membunuh dirinya sendiri bahkan sebelum Absalom punya kesempatan untuk melakukan itu.

Perasaan bersalah menciptakan atmosfer di mana dosa akan berulang dengan sendirinya. Absalom kemudian naik ke sotoh istana dan tidur dengan selir-selir ayahnya. Dosa ayahnya kembali dilakukan oleh sebuah generasi berikut di lokasi yang sama (lihat 2 Samuel 16:22)! Sementara peristiwa-peristiwa ini berlangsung, Daud berpendapat bahwa masalahnya telah selesai, dan oleh karenanya, *ia telah mendapat pemulihan* (lihat 2 Samuel 15:30-37). Daud mengutus Husai sebagai mata-mata ke dalam kemah Absalom.

Sementara itu, Absalom "mulai bersemangat." Kecongkakannya yang membuatnya memberontak terlihat jelas setiap waktu. Ia mengindahkan nasihat Husai saat *Tuhan memulai pemulihan itu* (lihat 2 Samuel 17:14). Ketika dengan congkaknya ia menunggang seekor bagal dan lewat di bawah jalinan dahan-dahan pohon tarbantin yang besar, tersangkutlah rambutnya pada pohon tarbantin itu. Mementingkan dirinya sendiri telah menjerat dirinya sendiri (lihat 2 Samuel 18:9-10). Kecongkakan mendahului kehancuran (lihat Amsal 16:18). Yoab lewat di situ dan membunuh Absalom yang kepalanya tersangkut pada pohon (lihat 2 Samuel 18:14-18).

Daud menerima pesan dari orang Kusyi bahwa Absalom sudah tewas. Orang Kusyi adalah seorang laki-laki yang membawa pesan yang benar bagi raja.

---oo---

Penderitaan Daud telah tiba pada puncaknya. Ia tidak saja kehilangan seorang bayi, namun hubungan *incest* juga sudah merebak di kalangan istana, kebencian dan pembunuhan melanda istananya sendiri, dan Absalom tidur dengan para selirnya di sotoh istana yang sama di mana dahulu Daud berada. Yoab telah membunuh Absalom. Seperti yang dinubuatkan Natan, pedang tidak akan menyingkir dari keluarga Daud. Daud menangis dan menangis karena kematian Absalom dan karena apa yang telah dihasilkan oleh pelanggaran dalam keluarganya (lihat 2 Samuel 19:4). Daud *telah menderita, tetapi ia akan mengalami pemulihan.*

Kenyataannya, Daud memimpin sebuah kampanye yang berhasil dalam melawan saudara-saudara Goliat dan membunuh mereka semua (lihat 2 Samuel 21:15-22). Setelah mengalahkan raksasa-raksasa yang ada dalam hatinya, ia merasa perlu mengalahkan raksasa-raksasa lain di luar dirinya. Lalu Daud menaikkan pujian dan ini digambarkan sepanjang dua pasal lebih (lihat 2 Samuel 22-23). *Ia telah menderita, tetapi ia telah mendapat pemulihan.* Jika ini terjadi dengan Daud, maka ini dapat terjadi dengan Anda.

Pemulihan tidak terlalu menekankan seberapa banyak yang diperoleh kembali. Dalam bahasa Inggris, kata pemulihan berarti "sekali lagi ditutupi atau dilindungi; dibuat untuk tetap hangat." *Penderitaan* sering membuat kita menyadari bahwa kita membutuhkan dan menghargai *pemulihan. Orang perjanjian memang menderita, tetapi mereka betul-betul mendapatkan pemulihan.*

Ayat-ayat Perjanjian dalam Perjanjian Lama

Pelanggaran Perjanjian Mempengaruhi Hubungan Kekeluargaan

Ketika segala perkara itu didengar Raja Daud sangat marahlah ia.

Lalu bangunlah raja, dikoyakkannya pakaiannya dan berbaring di lantai, dan semua pegawainya yang hadir padanya mengoyakkan pakaian mereka.

...Dan Daud berdukacita berhari-hari lamanya karena anaknya itu.

Lalu raja tidak lagi marah terhadap Absalom, sebab kesedihan hatinya karena kematian Amnon telah surut (2 Samuel 13:21, 31, 37, 39).

Di seluruh Israel tidak ada yang begitu banyak dipuji kecantikannya seperti Absalom. Dari telapak kakinya sampai ke ujung kepalanya tidak ada cacat padanya.

Setelah Absalom diam di Yerusalem genap dua tahun lamanya, dengan tidak datang ke hadapan raja,

...lalu raja mencium Absalom (2 Samuel 14:25, 28, 33).

Pelanggaran Perjanjian Sering Menimbulkan Konsekuensi Seumur Hidup

Cara yang demikianlah diperbuat Absalom kepada semua orang Israel yang mau masuk menghadap untuk diadili perkaranya oleh raja, dan demikianlah Absalom mencuri hati orang-orang Israel.

Lalu datanglah seseorang mengabarkan kepada Daud, katanya: "Hati orang Israel telah condong kepada Absalom" (2 Samuel 15: 6, 13).

Lalu berkatalah Absalom dan setiap orang Israel: "Nasihat Husai, orang Arki itu, lebih baik daripada nasihat Ahitofel." Sebab TUHAN telah memutuskan, bahwa nasihat Ahitofel yang baik itu digagalkan, dengan maksud supaya TUHAN mendatangkan celaka kepada Absalom (2 Samuel 17:14).

Seseorang melihatnya, lalu memberi tahu Yoab, katanya: "Aku melihat Absalom tergantung pada pohon tarbantin."

Maka terkejutlah raja dan dengan sedih ia naik ke anjung pintu gerbang lalu menangis. Dan beginilah perkataannya sambil berjalan: "Anakku Absalom, anakku, anakku Absalom! Ah, kalau aku mati menggantikan engkau, Absalom, anakku, anakku!" (2 Samuel 18: 10, 33).

Raja menyelubungi mukanya, dan dengan suara nyaring merataplah raja: "Anakku Absalom, Absalom, anakku, anakku!" (2 Samuel 19:4).

Penerapannya dalam Perjanjian Baru

Yesus Mengatasi Penderitaan

Semuanya itu Kukatakan kepadamu, supaya kamu beroleh damai sejahtera dalam Aku. Dalam dunia kamu menderita penganiayaan, tetapi kuatkanlah hatimu, Aku telah mengalahkan dunia (Yohanes 16:33).

Dan sekalipun Ia adalah Anak, Ia telah belajar menjadi taat dari apa yang telah diderita-Nya (Ibrani 5:8).

Paulus Mengajarkan bahwa Kita akan Dipulihkan dari Penderitaan

Sebab aku yakin, bahwa penderitaan zaman sekarang ini tidak dapat dibandingkan dengan kemuliaan yang akan dinyatakan kepada kita (Roma 8:18).

17
Orang Perjanjian Berpandangan Multigenerasi

Kekuatan sebuah hati perjanjian sukar dipahami oleh banyak orang, karena kekuatannya bekerja melampaui generasi berikutnya. Daud mengawali perjanjiannya dengan Yonatan dan terus memegang perjanjian itu sampai keturunan berikutnya. Filosofi perjanjian ini harus dihidupkan kembali di antara kita yang memproklamasikan bahwa kita memiliki perjanjian. Pesan kita harus disampaikan *secara multigenerasi.* Kerajaan Tuhan dan kekuatan sebuah hati perjanjian akan selalu relevan bagi setiap generasi.

Yesus terus melayani dari mulai berbicara dengan para ahli hukum dan orang Farisi hingga memangku anak-anak kecil dan membandingkan mereka dengan Kerajaan Tuhan. Alasan Yesus sangat relevan. Perjanjian ialah sebuah pesan bagi dan untuk setiap generasi. Jemaat yang tidak memiliki pesan relevan bagi masing-masing generasi maupun setiap generasi adalah jemaat yang mati.

Setelah Daud menjadi uzur dan lemah, salah satu anak laki-lakinya, Adonia, meninggikan diri dan berusaha menjadi raja (lihat 1 Raja-raja 1:5). Batsyeba mengingatkan Daud akan perjanjiannya dengan dia bahwa Salomo akan menggantikannya menjadi raja (lihat 1 Raja-raja 1:17). Jika Daud tidak memilih dan menunjuk seorang pengganti, maka Adonia akan menjadi penggantinya.

Daud mengerti apa yang dipahami oleh segelintir orang pada waktu ini — Anda tidak punya hak untuk meninggal sebelum Anda menyerahkan jubah kepemimpinan pada generasi berikutnya! Daud adalah orang yang memiliki hati perjanjian. *Orang perjanjian berpandangan multigenerasi.*

---oo---

Daud memanggil imam dan nabi untuk mempersiapkan penobatan raja yang baru. Bukan karena kebetulan bahwa raja memilih seorang imam dan seorang nabi untuk membantu dalam penobatan itu. Daud selalu mencerminkan tiga jenis pengurapan, yaitu nabi, imam dan raja. Dengan indahnya, Daud dijadikan lambang untuk Nabi, Imam dan Raja kita — Yesus Kristus, Imam Agung Kita sesudah Melkisedek (lihat 1 Raja-raja 1:34; Ibrani 5:1-8:6).

Salah satu tempat terkaya di bumi ini ialah areal pemakaman karena di sana dikuburkan harta kekayaan berupa hikmat, impian, visi dan bahkan pengurapan yang belum pernah diimpartasikan kepada generasi penerus. Orang perjanjian tidak punya hak untuk membawa pengurapan mereka ke Surga. Anda tidak bisa meninggalkan dunia ini, kecuali Anda menghampakan diri! Tinggalkanlah milik Anda! *Orang perjanjian berpandangan multigenerasi.*

Daud tidak menunggu sampai meninggal dunia untuk memberikan berkat dan impartasinya kepada generasi penerus. Ia melakukan itu ketika ia masih hidup untuk memastikan kelangsungan visi dan rencananya. Terlalu sering visi menjadi hilang karena kurangnya impartasi dari generasi ke generasi penerusnya.

Setiap pria atau wanita perjanjian yang masih hidup di muka bumi ini memiliki kewajiban untuk menularkan visi, wawasan dan pengurapannya kepada generasi penerus. Sekali lagi, Anda tidak bisa meninggal dunia kalau masih membawa apa-apa. Tuhan telah memberi Anda sebuah rencana, dan rencana itu tidak selesai sampai generasi penerus menjalankan dan menularkan visi tersebut kepada generasi penerusnya. Jika Anda tidak menyerahkan semua yang Anda miliki kepada orang lain, Anda masih belum boleh meninggalkan dunia ini. Jika Anda pergi ke Surga dengan visi dan rencana Anda, maka Anda akan menjadi pengganggu di sana.

Daud tidak dapat meninggal sebelum ia mengurapi, menguduskan, menahbiskan dan menugaskan Salomo untuk menjadi penggantinya. Ambillah waktu untuk membaca 1 Raja-raja 2:1-10. Perjanjian kita berlangsung seumur hidup kita di muka bumi ini. Tuhan berpandangan multigenerasi. *Orang perjanjian berpandangan multigenerasi.* Keturunan Anda mungkin dipilih untuk menyempurnakan visi Anda, tetapi mereka tidak dapat melakukannya apabila Anda membawa serta visi tersebut pulang ke rumah Bapa.

Setiap perintis Perjanjian Lama tidak mau meninggalkan dunia ini sebelum mereka menyerahkan jubah kepada generasi penerus — Abraham kepada Ishak, Ishak kepada Yakub, Israel kepada Efraim dan Manaseh. *Berkat multigenerasi selalu diberikan sebelum kematian.*

Musa tidak meninggal sebelum ia memberi wewenang dan mempersiapkan Yosua. Elia bebas untuk meninggalkan dunia ini hanya setelah ia menyerahkan jubahnya kepada Elisa. Yesus menampakkan diri di hadapan para murid-Nya dengan memberikan sejumlah perintah sebelum Ia diangkat ke Surga. Dari Perjanjian Lama hingga Perjanjian Baru, bejana-bejana pilihan Tuhan dituntut untuk memberikan pengurapannya kepada generasi penerus. Kita tidak boleh membiarkan kenyataan bahwa satu generasi harus mati tanpa dilanjutkan oleh generasi perjanjian lain. *Orang perjanjian berpandangan multigenerasi.*

Dalam Perjanjian Baru, Rasul Paulus menyatakan dalam 2 Timotius 4:6 bahwa ia siap untuk berangkat. Ia telah mengakhiri pertandingan yang baik dan telah memelihara iman. Ia tahu ada mahkota kebenaran yang disediakan baginya, tetapi itu tidak memberi dia hak untuk meninggalkan dunia ini. Ia belum menyerahkan jubahnya.

Paulus menyurati anaknya di dalam Tuhan, Timotius, dan menyuruhnya datang segera (lihat 2 Timotius 4:9). Paulus duduk sendirian di dalam sel penjaranya yang gelap dan kotor. Ia merasa kesepian dan tubuhnya kedinginan. Ia siap untuk meninggalkan dunia ini, tetapi ia tidak dapat meninggal sebelum ia memberikan jubahnya kepada generasi lain.

Paulus meminta Timotius untuk datang sebelum musim dingin, dan "Jika engkau ke mari bawa juga jubah yang kutinggalkan di Troas di rumah Karpus." Ia juga menyuruh dia untuk membawa serta kitab-kitab hasil tulisannya terutama surat-surat yang ia buat sebelum ia dipenjara (lihat 2 Timotius 4:13, 21).

Seperti Daud, Paulus memahami bahwa *orang perjanjian berpandangan multigenerasi.* Ia tahu bahwa mengakhiri pertandingan yang baik dan memelihara iman bukanlah sebuah izin untuk meninggalkan dunia ini. Anda tidak dapat meninggalkan dunia ini sebelum Anda memberikan jubah Anda.

Paulus berkata bahwa zaman sedang berubah, dan ia menyuruh Timotius untuk datang menemui dia sebelum musim dingin. Ia minta dibawakan kitab-kitab itu, tetapi khususnya surat-surat, karena ada hal-hal di dalamnya yang perlu ia jelaskan kepada Timotius sebelum ia boleh meninggalkan dunia ini. Paulus sedang bersiap-siap untuk menyerahkan jubahnya kepada Timotius. Timotius mewakili generasi berikut yang akan memimpin, sedangkan Paulus adalah generasi pendahulu.

Dalam 1 Raja-raja Daud digambarkan sebagai orang yang badannya tetap dingin, tetapi ia tidak dapat meninggalkan dunia ini sebelum ia mengurapi Salomo. Kitab 2 Timotius 4 menggambarkan Paulus yang sedang merasa kedinginan dan tengah mencari-cari jubahnya, tetapi ia tidak dapat meninggalkan dunia ini sampai Timotius datang kepadanya dengan kitab-kitab, surat-surat dan jubah. *Orang perjanjian berpandangan multigenerasi.*

Terlalu banyak sumber daya berharga yang dibawa ke dalam liang kubur karena kita tidak mewariskannya kepada generasi berikut. Maleakhi menjanjikan bahwa hati bapa-bapa akan berbalik kepada anak-anak, dan hati anak-anak akan berbalik kepada bapa-bapa (lihat Maleakhi 4:6). Ini berarti, kita berada dalam suatu zaman di mana kita tidak akan kehilangan sumber-sumber daya terbesar tatkala orang perjanjian meninggal, karena mereka akan mewariskan karunia mereka kepada generasi berikut.

> *Abraham memberikan segala harta miliknya kepada Ishak... lalu ia meninggal. Ia mati pada waktu telah putih rambutnya, tua dan suntuk umur, maka ia dikumpulkan kepada kaum leluhurnya* (Kejadian 25:5, 8).

Sebelum Anda mewariskan semua yang Anda miliki kepada generasi berikutnya, jangan menyerahkan nyawa Anda. Sekali lagi, Anda tidak boleh meninggal sebelum waktunya. Jika Anda mengakhiri hidup Anda sebelum waktunya, Anda akan pergi ke surga sebagai pengganggu. Abraham sudah putih rambutnya, tua dan suntuk umur. Inilah pola Alkitab mengenai jalan menuju kematian.

Dalam Kejadian 27-28, Ishak memberkati dan memberi wewenang kepada Yakub. Dalam Kejadian 48, Yakub sakit dan hampir mati, namun ia tidak meninggal sebelum ia memberkati dan memberi impartasi kepada cucu-cucunya. Janji bagi generasi berikut membuat orang tua yang lemah dan sakit-sakitan bernama Yakub itu menjadi kuat dan berganti nama menjadi Israel (lihat Kejadian 48:2). Jangan meninggal dalam keadaan lemah dan tidak berdaya; kuatkanlah diri Anda dan impartasikan kepada generasi penerus. *Orang perjanjian berpandangan multigenerasi.*

Musa tidak meninggalkan dunia ini sebelum ia menumpangkan tangan atas Yosua (lihat Ulangan 34:9). Kitab Suci mengatakan bahwa orang-orang mendengarkan ucapan Yosua sebagaimana mereka mendengarkan Musa oleh karena impartasi yang diwariskan dari generasi kepada generasi berikutnya. Itulah sebabnya begitu banyak pelayanan mengalami kematian visi, karena tidak ada visi yang multigenerasi. *Kita harus mewariskan visi kepada generasi berikutnya.*

Daud tidak meninggalkan dunia ini sebelum ia menetapkan Salomo sebagai raja penggantinya. Ia memberi wewenang kepada Salomo agar menjadi orang yang kuat dan perkasa. Baru sesudah itulah ia mendapat perhentian bersama-sama nenek moyangnya, dan ia dikuburkan (lihat 1 Raja-raja 2:10).

Dalam 2 Raja-raja 2, Elia tidak diangkat dalam angin badai sampai Elisa dijanjikan akan diberi jubah. Elisa menerimanya dan melayani dengan otoritas berkekuatan ganda oleh karena kuasa sebuah impartasi. Inilah saatnya bagi generasi porsi ganda untuk melayani di bawah kekuatan sebuah hati perjanjian. Elisa mencari dan menerima porsi ganda dari roh Elia. Dalam Kejadian 48, Efraim menerima berkat tangan kanan dari Israel; nama Efraim berarti "buah ganda." Buah ganda dan porsi ganda hanya diperoleh dari impartasi melalui hubungan perjanjian.

Yesus tidak naik ke Surga sebelum Ia menghimpun rasul-rasul-Nya, memberikan perintah-perintah-Nya dan mengajar mereka tentang Kerajaan Tuhan. Ia lalu menyuruh mereka untuk menunggu di Yerusalem sampai mereka menerima jubah Roh Kudus. Lalu Ia terangkat dan diterima dalam Surga (lihat Kisah Para Rasul 1:2-9). Bahkan, Yesus tidak bebas untuk meninggalkan dunia ini sebelum Ia mewariskan visi dan pengurapan-Nya kepada generasi berikutnya. *Orang perjanjian berpandangan multigenerasi!*

Ayat-ayat Perjanjian dalam Perjanjian Lama

Orang Perjanjian Meninggalkan Warisan Mereka

Raja Daud telah tua dan lanjut umurnya, dan biarpun ia diselimuti, badannya tetap dingin.

Lalu Batsyeba berlutut dan sujud menyembah kepada raja. Raja bertanya: "Ada yang kauingini?"

Lalu perempuan itu berkata kepadanya: "Tuanku sendiri telah bersumpah demi TUHAN, Allahmu, kepada hambamu ini: Anakmu Salomo akan menjadi raja sesudah aku, dan ia akan duduk di atas takhtaku."

Lalu Raja Daud menjawab, katanya: "Panggillah Batsyeba." Perempuan itu masuk menghadap raja dan berdiri di depannya.

Lalu raja bersumpah dan berkata: "Demi TUHAN yang hidup, yang telah membebaskan nyawaku dari segala kesesakan,

Pada hari ini aku akan melaksanakan apa yang kujanjikan kepadamu demi TUHAN, Allah Israel, dengan sumpah ini: Anakmu Salomo akan menjadi raja sesudah aku, dan dialah yang akan duduk di atas takhtaku menggantikan aku."

Imam Zadok telah membawa tabung tanduk berisi minyak dari dalam kemah, lalu diurapinya Salomo. Kemudian sangkakala ditiup, dan seluruh rakyat berseru: "Hidup Raja Salomo!"

Sesudah itu seluruh rakyat berjalan di belakangnya sambil membunyikan suling dan sambil bersukaria ramai-ramai, sampai seakan-akan bumi terbelah oleh suara mereka.

Salomo sekarang duduk di atas takhta kerajaan (1 Raja-raja 1:1, 16-17, 28-30, 39-40, 46).

Ketika saat kematian Daud mendekat, ia berpesan kepada Salomo, anaknya: "Aku ini akan menempuh jalan segala yang fana, maka kuatkanlah hatimu dan berlakulah seperti laki-laki" (1 Raja-raja 2:1-2).

Penerapannya dalam Perjanjian Baru

Yesus Berpandangan Multigenerasi

Aku berkata kepadamu: Sesungguhnya jikalau biji gandum tidak jatuh ke dalam tanah dan mati, ia tetap satu biji saja; tetapi jika ia mati, ia akan menghasilkan banyak buah (Yohanes 12:24).

Tetapi TUHAN berkehendak meremukkan dia dengan kesakitan. Apabila ia menyerahkan dirinya sebagai kurban penebus salah, ia akan melihat keturunannya, umurnya akan lanjut, dan kehendak TUHAN akan terlaksana olehnya (Yesaya 53:10).

Dan lagi: "Aku akan menaruh kepercayaan kepada-Nya," dan lagi: "Sesungguhnya, inilah Aku dan anak-anak yang telah diberikan Allah kepada-Ku" (Ibrani 2:13).

Paulus Mengenali Berkat Multigenerasi

Sebab aku teringat akan imanmu yang tulus ikhlas, yaitu iman yang pertama-tama hidup di dalam nenekmu Lois dan di dalam ibumu Eunike dan yang aku yakin hidup juga di dalam dirimu (2 Timotius 1:5).

Kesimpulan

Sekarang setelah Anda mengadakan perjalanan dengan Daud dan membaca kisahnya, visinya menjadi jelas. Sasaran kita yang terakhir adalah sasaran yang paling kuat. Anda tidak punya hak untuk meninggalkan dunia ini dengan membawa visi maupun pengurapan. Keduanya harus diwariskan kepada generasi berikutnya. Kalau ada visi yang dapat Anda selesaikan sendiri, itu adalah visi yang terlalu kecil. Anda memerlukan visi perjanjian, bukan visi takdir. *Visi perjanjian akan berlangsung secara multigenerasi.* Visi nubuat yang murni akan berlangsung lebih lama dari satu generasi.

Daud ialah pola dan model untuk hati perjanjian. Dengan kekuatan sebuah hati perjanjian, bangkitlah, bekerjalah dan wariskan impian-impian, visi-visi serta pengurapan Anda kepada generasi berikut. Dengan kasih karunia Tuhan, kita tidak akan kehilangan harta manakala kita meninggalkan bejana-bejana tanah liat ini. Mulai sekarang, kita harus mengosongkan diri kita sendiri bagi mereka yang akan datang di belakang kita.

Sejak menjadi gembala domba semasa kecil hingga saatnya dikuburkan di kota Daud, pemazmur paling manis dari Israel ini menunjukkan kepada kita *Kekuatan Sebuah Hati Perjanjian.* Setiap langkah yang diambil Daud ialah pengalaman belajar, namun tindakan akhirnya yang kita jadikan pelajaran. Wariskan jubah Anda kepada generasi penerus, dan Anda akan hidup selamanya melalui mereka. Jangan mau mati. Hiduplah dengan mewariskan iman.

Kekuatan Sebuah Hati Perjanjian ialah kekuatan dari sebuah kehidupan tanpa akhir. Daud masih hidup karena ia masih berbicara kepada Anda dan saya. Apakah kita akan terus berbicara setelah kita berada di dalam liang kubur? Jawabannya akan ditentukan oleh apa yang kita lakukan semasa hidup kita.

Biarkan visi kita bersifat multigenerasi. Milikilah ambisi untuk keturunan

Anda dan keturunan dari keturunan Anda. Mereka harus meraih lebih banyak dari apa yang Anda maupun saya mampu raih. Jika kita melakukan tugas kita dengan benar, kita akan hidup dan melakukan perbuatan yang luar biasa berani melalui mereka. Kiranya *Kekuatan Sebuah Hati Perjanjian* hidup selama ribuan generasi berikutnya!